本書は小社より刊行された『図解ポケット 最新法人税がよくわかる本 平成30年税制改正対応版！』（2018年10月刊）を下敷きに、最新の知見にもとづき加筆、修正を施し、新刊として再編集したものです。

●注意

(1) 本書は著者が独自に調査した結果を出版したものです。

(2) 本書は内容について万全を期して作成いたしましたが、万一、ご不審な点や誤り、記載漏れなどお気付きの点がありましたら、出版元まで書面にてご連絡ください。

(3) 本書の内容に関して運用した結果の影響については、上記(2)項にかかわらず責任を負いかねます。あらかじめご了承ください。

(4) 本書の全部または一部について、出版元から文書による承諾を得ずに複製することは禁じられています。

(5) 商標

本書に記載されている会社名、商品名などは一般に各社の商標または登録商標です。

ほんの少し工夫するだけで
税金は安くなるのに…

　会社の経理部門で働いている人たちは、誰もが法人税をとても
よく勉強しています。なぜなら、法人税の規定を理解していないと、
ちょっとした経理処理の不具合で、莫大な税金を支払わなくては
ならないおそれがあるためです。

　しかし、経理担当者だけが法人税に注意していても、すべてが
解決するわけではありません。製造部門が行った機械の改修費の
処理は、機械の専門知識がないと判断ができませんし、営業部門
で支出した交際費についての処理は、相手方によって取り扱いが異
なります。

　法人税のルールに照らし合わせて会社の活動を眺めてみると、
いろいろな不都合が出てきます。ほんの少し工夫するだけで法人
税が安くなるのに、と悔やまれることばかりです。

　そこで、すべてのビジネスマンに法人税の仕組みを理解してい
ただくことを目的として、本書を執筆いたしました。難しい法律用
語や会計知識は省略して、本当に必要なことだけをわかりやすい言
葉で解説しています。

　おかげさまで、本書は多くの方にご購読いただき、版を重ねて
まいりました。今回は新シリーズとしてリニューアルした上で、令
和4年度税制改正を反映し、一括償却資産の損金算入などについて
加筆修正しています。

2022 年 9 月　　税理士　奥村佳史

本書の仕組み

法人税 課税の仕組みが よくわかる!

法人税は、会計の利益をベースに
計算します。

所得

● 益金だが収益でないもの
● 費用だが損金でないもの

例えば交際費
☞ 第3章へ

大半の益金・収益は
一致します

大半の損金・費用は
一致します

● 収益だが益金でないもの
● 損金だが費用でないもの

例えば受取配当
☞ 第2章へ

利益

しかし、会計の利益と、法人税法の所得
は少しだけ違います。
会計上の費用のうち、損金にならない
ものを理解することが最も重要です。

提出書類の作成事例を満載

XXX届出書

棚卸資産の評価方法の届出書

いろんな届出書。出し方によって損したり、得したりってホント？
☞ 第3章へ

タイミング良く提出することで節税できることがあります。

別表4

法人税申告書

申告書ってどう書くの？申告書は1枚だけじゃないの？
☞ 第4章へ

ここでは確定申告書の記載例を見てみましょう。

損益計算書

貸借対照表

決算書と申告書の関係は？
☞ 第4章へ

図解ポケット　[最新] 令和4年度税制対応！
法人税がよくわかる本

CONTENTS

ほんの少し工夫するだけで税金は安くなるのに… ……………………………… 3
本書の仕組み ……………………………………………………………………… 4

1　法人税ってどんな税金？

1-1　法人税は何にかかるの？ ……………………………………………… 10
1-2　国税と地方税 ……………………………………………………………… 12
1-3　法人税の納税義務者 ……………………………………………………… 14
1-4　法人税の税額計算 ………………………………………………………… 16
1-5　所得金額の計算方法 ……………………………………………………… 18
1-6　同族会社の取り扱い ……………………………………………………… 20
1-7　税額控除 …………………………………………………………………… 22
コラム　赤字の会社にも税務調査はやって来る？ ……………………………24

2　益金について詳しく見てみましょう

2-1　売上高の計上時期 ………………………………………………………… 26
2-2　特殊な販売形態の売上計上時期 ………………………………………… 28
2-3　受取配当金は益金不算入 ………………………………………………… 30
コラム　税務調査の費用は税務署負担？ ……………………………………… 32

3　損金について詳しく見てみましょう

3-1　損金計上するタイミングがとても重要です ……………………………… 34
3-2　発生主義と債務確定主義はどう違う？ ………………………………… 36
3-3　損金経理って何？ ………………………………………………………… 38
3-4　売上原価と棚卸資産 ……………………………………………………… 40

3-5	棚卸資産の評価基準は原価法と低価法………………………………	42
3-6	棚卸資産の評価方法…………………………………………………	44
3-7	棚卸資産の付随費用…………………………………………………	46
3-8	棚卸資産評価方法の選定と届出 …………………………………	48
3-9	減価償却って何？……………………………………………………	50
3-10	減価償却の対象となる資産 ………………………………………	52
3-11	固定資産と消耗品との境界は？ …………………………………	54
3-12	20万円未満の減価償却資産に認められる一括償却 ………………	56
3-13	資本的支出と修繕費…………………………………………………	58
3-14	減価償却には、複数の方法があります …………………………	60
3-15	定額法の仕組み………………………………………………………	62
3-16	定率法の仕組み………………………………………………………	64
3-17	法定耐用年数を過ぎても償却可能限度額まで償却できます………	66
3-18	法定耐用年数はとても細かく決められています…………………	68
3-19	減価償却費を損金算入するための要件……………………………	70
3-20	圧縮記帳で節税できる!？ …………………………………………	72
3-21	圧縮記帳は課税の繰り延べでしかありません …………………	74
3-22	圧縮記帳が認められるのはどんな場合？ ………………………	76
3-23	圧縮記帳の経理処理方法……………………………………………	78
3-24	繰延資産とは何でしょう？ ………………………………………	80
3-25	法人税法では繰延資産が幅広い …………………………………	82
3-26	法人税法で定める役員とは ………………………………………	84
3-27	役員給与の取り扱い…………………………………………………	86
3-28	不相当に高額な役員給与の取り扱い……………………………	88
3-29	役員への経済的利益…………………………………………………	90
3-30	交際費は損金不算入が原則です …………………………………	92
3-31	交際費となる支出はどんなもの？ ………………………………	94
3-32	交際費とまぎらわしい支出 ………………………………………	96
3-33	使途秘匿金に課せられる法人税 …………………………………	98
3-34	寄附金も損金算入に制限があります ……………………………	100

7

3-35	寄附金は4つに分類されます	102
3-36	寄附金の損金算入限度額	104
3-37	損金算入される税金とされない税金	106
3-38	貸倒損失が損金算入されるタイミングは？	108
3-39	貸倒引当金とは	110
3-40	個別評価する金銭債権の貸倒引当金	112
3-41	一括評価する金銭債権の貸倒引当金	114
3-42	その他の引当金	116
3-43	短期前払費用の取り扱い	118
3-44	有価証券の取り扱い	120
3-45	有価証券の取得価額と譲渡原価	122
3-46	有価証券の期末評価	124
コラム	税務調査の結果は交渉次第？	126

CHAPTER 4 法人税の申告と納税

4-1	欠損金の繰り越しと繰り戻し	128
4-2	法人税の申告書	130
4-3	法人住民税の申告書	134
4-4	確定申告と中間申告	138
4-5	修正申告と更正	140
4-6	ペナルティとしての附帯税	142
コラム	税務調査に備えて	144

| 最近話題のテーマ | 145 |
| 索引 | 146 |

法人税って
どんな税金?

会社が納める法人税について、基本的事項を解説します。
法人税は誰が払うのでしょうか?
法人税は誰に払うのでしょうか?
税額の計算方法は?
意外と知らない基本事項を見てみましょう。

法人税は何にかかるの？

税金にはいろいろな種類があります。固定資産税が、所有している不動産に対して課されることは多くの人が知っています。さて、法人税は何に対して課されるのでしょうか？

1 法人税は所得に対して課されます

法人税は、会社の所得に対してかかる税金です。

所得とは、売上高から経費を差し引いた金額と考えればいいでしょう。

所有している資産に対して課される税金ではありませんから、いくら多くの不動産や自動車を所有していても、儲かっていない会社には法人税がかかりません。

また、単純に売上高が多いだけで、それ以上に経費がかかっている赤字の会社にも法人税はかかりません。

大きい会社が必ずしもたくさんの法人税を納めているとは限らないのです。

2 同時に法人住民税と事業税もかかります

会社は毎年の決算で、一年間の所得（儲け）を計算し、法人税を納めます。このとき、会社は法人税だけでなく、**地方法人税**と**法人住民税**（都道府県民税と市町村民税）についても併せて申告し、納税します。

さらに、**事業税**と**特別法人事業税**についても併せて申告、納税しますが、こちらは**外形標準課税**といって、赤字の会社にも課されることがあります。

OnePoint　復興特別法人税

復興特別法人税という国税がありましたが、平成26年度税制改正で廃止されました。

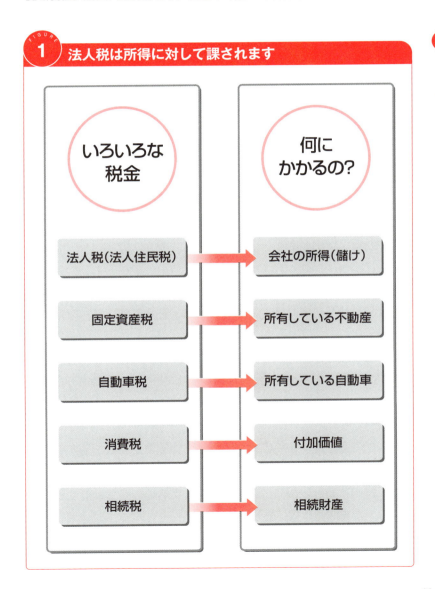

FIGURE 1　法人税は所得に対して課されます

国税と地方税

固定資産税のことを税務署に尋ねたところ、「市役所にご相談ください」と言われた経験はありませんか？ 実は税金には、国が課す税金と地方が課す税金とがあります。

1 法人税は国税

会社が納める法人税は、国が課す税金です。これを**国税**といいます。

国税には、法人税の他、所得税、消費税、相続税などがあります。

法人税をはじめとする国税の窓口は、税務署です。法人税の申告書は税務署に提出します。

2 地方税としての法人住民税

会社が納める法人住民税は、地方が課す税金です。これを**地方税**といいます。

法人住民税とひとくくりにされることが多いのですが、実際には**都道府県民税**と**市町村民税**とに分かれています。申告書もそれぞれ別々ですし、提出先も県税事務所と市役所の2ヶ所に分かれることが一般的です。

あなたの会社が、多くの支店を有している場合には、地方税である都道府県民税と市町村民税は、支店のあるすべての都道府県と市町村に提出する必要があります。全国に支店のある会社ですと、地方税の申告書は何十枚にも及びます。

OnePoint 消費税と地方消費税

消費税の税率が、厳密には7.8%であることをご存知でしたか？ 私たちが消費税として支払う10%のうち、2.2%ぶんは地方消費税という地方税です。

FIGURE 2 国税と地方税

法人税の納税義務者

法人税というと、会社の税金というイメージがありますが、会社以外にも法人税を納める必要のある法人があります。

1 会社以外の法人税の納税義務者

会社以外にも法人税を納めなくてはならない組織があります。これを、大きく5つに分類して示すと、以下のとおりです。

● **普通法人**

普通法人とは、株式会社や合同会社などです。最もオーソドックスな組織形態です。合名会社や医療法人なども普通法人です。

● **協同組合等**

協同組合等とは、農業協同組合（農協）や信用金庫などをいいます。これらは、組合員が協同で事業にあたるという建前がありますので、法的には会社と若干異なります。ただし、法人税は課されます。

● **人格のない社団等**

人格のない社団等とは、PTAや同窓会などをいいます。これらは、法律上は法人ではありません。しかし、儲けようとして活動するのであれば（収益事業）、普通法人と同様に法人税が課されます。

● **公益法人等**

公益法人等とは、学校法人や宗教法人などをいいます。収益事業には法人税が課されます。

● **公共法人**

地方公共団体や公庫などの**公共法人**には、法人税がかかりません。

OnePoint 法人税がかからない組合

農業協同組合には法人税がかかりますが、同じ「組合」でも匿名組合（営業者と匿名組合員間で結ばれる商法第535条の契約）や任意組合（民法で定められている一般的な組合契約）には法人税がかかりません。2005（平成17）年から導入された有限責任事業組合（LLP）も、これらと同様に、法人税の納税義務者ではありません。法人税の課税を避けるためには、これらの制度を利用することも検討してみましょう。

FIGURE 3 法人税の納税義務者

法人税の税額計算

法人税は所得に対して課される税金であることを先に示しました。ここでは、法人税の具体的な税額計算の方法を見てみましょう。

1 法人税額 ＝ 所得 × 税率

　会社が納める法人税額は、所得金額に税率を乗じて計算します。所得金額は、ここでは単純に1年間の会社の儲けと考えてください。

　では、いったいどれくらいの税率で法人税は課されるのでしょうか？

　法人税の税率は、法人の種類によって異なります。これを表で示せば次ページのようになります。

　資本金の大きい普通法人でも税率は23.2％です。これを高いと感じますか？　それとも意外と低いと感じますか？

2 法人住民税の税率は？

　法人住民税は、均等割と法人税割との合計額で求めます。均等割の金額は、会社の規模によって定められています。法人税割の金額は、法人税額に税率を乗じて算定します。

　均等割額も税率も、都道府県、市町村によって若干異なる点に注意が必要です。

　法人税、地方法人税、法人住民税に加えて、事業税と特別法人事業税まで考慮した場合の実効税率は、法人の所得に対して約30％となっています。

法人税の税率と法人住民税の計算

法人税の税率

法人の種類	税率
普通法人	23.2%（ただし、中小法人については、1年間に800万円までの所得金額については15%）
協同組合等	15〜22%の範囲で細かく規定
人格のない社団等	23.2%（ただし、1年間に800万円までの所得金額については15%）
公益法人等	19%〜23.2%（ただし、1年間に800万円までの所得金額については15%）
公共法人	法人税がかかりません。

(注1) 平成31年4月1日以後に開始する事業年度に適用される。
(注2) 中小法人とは、普通法人のうち、資本金の額が1億円以下で大法人との間に当該大法人による完全支配関係がないなど一定の要件を満たすものをいう。
(注3) 社団法人、医療法人などについては、別途規定がある。

法人住民税の計算

市町村民税額＝均等割＋法人税割
　　　　　　＝均等割＋（法人税額×税率）

道府県民税額＝均等割＋法人税割
　　　　　　＝均等割＋（法人税額×税率）

所得金額の計算方法

法人税の額は、所得金額に税率を乗じて求めることは先に示しました。では、所得金額はどのように計算するのでしょうか？

1　所得金額は益金から損金を差し引いて求めます

「法人税額 ＝ 所得 × 税率」という算式を先に解説しました。

この算式中にある**所得金額**は、会社の税引前当期純利益に近いものです。

ただし、税法上の課税所得と、会計上の税引前当期純利益とはよく似ていますが、完全には一致しません。

会計上の利益が、収益から費用を差し引いて計算するのに対して、法人税法上の所得は、益金から損金を差し引いて計算するためです。

2　益金とは

収益と**益金**はほぼ同じものですが、その範囲は完全には一致しません。例えば、会社が受け取る配当金は会計上では収益ですが、税務上の益金には原則として該当しません。

3　損金とは

費用と**損金**もほぼ同じものですが、その範囲は完全には一致しません。例えば、資産の評価損は会計上では費用ですが、税務上は原則として損金には該当しません。

税務上の所得を計算する際には、会計上の利益をベースとして、収益と益金、費用と損金の差異を加減して所得を求めます。

利益と所得の違い

会計 ➡ 利益 ＝ 収益 − 費用
税務 ➡ 所得 ＝ 益金 − 損金

所得
- 益金だが収益でないもの
- 費用だが損金でないもの

大半の益金・収益は一致します

大半の損金・費用は一致します

- 収益だが益金でないもの
- 損金だが費用でないもの

利益

費用と損金の違いを理解することがとても重要！

CHAPTER 1 法人税ってどんな税金？

同族会社の取り扱い

特定のオーナーに支配されている同族会社については、課税逃れを防ぐため、特別な取り扱いがなされています。

1 同族会社とは？

3人以下の株主によって、株式、または議決権、社員数のいずれかの50％超が保有されている会社を同族会社といいます。ここで、「3人」と書きましたが、家族や従業員に株式を持たせることで同族会社から外れてしまうようでは不公平が生じますので、親族関係や雇用関係などにある人々をひとまとめのグループとして、3つ以下の株主グループによって株式、または議決権、社員数のいずれかの50％超が保有されているか否かで、判定することとされています。

2 同族会社には厳しいルールがあります

同族会社には、一般的な会社よりも厳しいルールが適用されます。

第一に、法人税の負担を不当に減少させていると認められるものがあるときは、その行為、計算を否認できるとされています。これを同族会社の行為・計算の否認といいます。

第二に、会社が配当金などの支払いを抑制し、一定限度を超えて所得を留保した場合に、税額が加算されます。これを留保金課税といいます（特定同族会社のみ）。

第三に、同族会社の一定の従業員は、法人税法上は役員に含められたり、使用人兼務役員になれないなど、役員について厳しい取り扱いがあります。

OnePoint 特定同族会社と特殊支配同族会社
同族会社の判定における株式等の50％超所有の要件を、上位1株主グループで満たす会社を特定同族会社といい、留保金課税の対象となります。

FIGURE 6 同族会社に特有の取り扱い

1 同族会社の行為、計算の否認

法人税の負担を不当に減少させていると認められる行為があるときは、税務署長がその行為、計算を否認することができます。

2 留保金課税

一定限度を超えて所得を留保した場合に、税額が加算されます（特定同族会社）。

3 役員についての取り扱い

同族会社の一定の従業員は、法人税法上の役員に含められます。
同族会社の一定の役員は、使用人兼務役員になれません。

税額控除

　所得金額に税率を乗じて算定した法人税の額から、一定のルールに従って税額を差し引くことができます。これを税額控除といいます。

1 所得税額控除

　一般的に所得税は個人にかかる税金と考えられていますが、会社が受け取る預金利息や配当金については、所得税が源泉徴収されています。この源泉徴収された所得税は、会社が法人税の申告をする際に差し引くことができます。これを**所得税額控除**といいます。

2 外国税額控除

　海外に支店を開設している会社では、その外国で所得に対して税金を課されていることがあります。

　海外支店の所得については、これに加えて、日本の法人税も課されますので、同じ所得について二重で課税されることになります。

　これを解消するために、外国で納めた税額を、日本の法人税の額から控除できる制度があります。これを**外国税額控除**といいます。

3 その他にもいろいろな税額控除があります

　上記❶❷以外にも、いろいろな税額控除があります。

　例えば、試験研究を行った場合の、法人税額の特別控除などが多くの会社で利用されています。

　政策減税としての税額控除がいくつも用意されていますので、節税のためには詳しく調べておきたいものです。

OnePoint　復興特別所得税

平成25年1月1日から令和19年12月31日までは、上図のほかに復興特別所得税が源泉徴収され、復興特別法人税の額から控除されます。

FIGURE 7　所得税額控除の仕組み

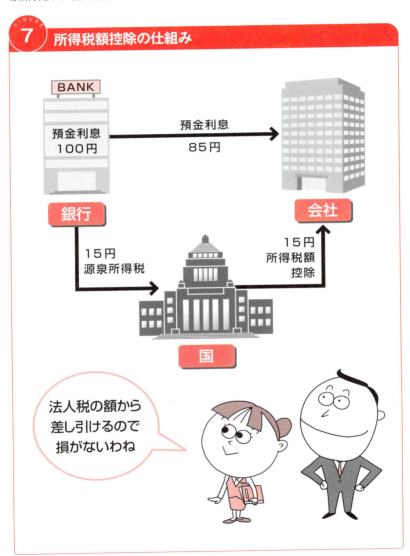

Column

赤字の会社にも税務調査はやって来る？

　会社経営者と経理担当者にとって、税務調査ほど嫌なものはないでしょう。会社の場合、通常ですと3年から5年に一度は税務調査がやって来ます。

　あまり利益の出ていない会社にも税務調査がやって来ますので、逃げられません。「我が社はここ数年赤字だから大丈夫」などと安心してはいませんか？

　税務調査の対象となる税金は、法人税だけではありません。

　赤字の会社であっても、消費税の納税義務はあるケースが多いので、油断できません。課税売上と非課税売上の比率が少し変わるだけで、納税額が大きく跳ね上がるケースがありますし、簡易課税制度の事業種別を細かく分類されて税額が2倍になるケースもあります。

　また、従業員に給与を支払っている以上、源泉所得税がついてまわります。従業員に対して現金で支給する給与以外に、資産を低額で譲渡すれば「経済的利益」を与えたものとして、源泉徴収が必要となります。他に、弁護士報酬や講演料にかかる源泉所得税をうっかり納付し忘れることも少なくありません。

　赤字の会社でも、常日頃から税務調査を意識した事務処理を心がけたいものですね。

益金について詳しく見てみましょう

　法人税は所得金額に税率を乗じて計算します。その所得金額は、益金から損金を差し引いて計算します。
　ここでは、益金について詳しく見てみましょう。とりわけその計上時期が重要です。

売上高の計上時期

売上高が益金であることは明らかですが、その計上時期が当期か翌期かという点は、税額計算に大きな影響を与える重要な問題です。

1 商品販売による売上高の計上時期

　決算日前後に販売した商品の売上を当期の益金とするか、翌期の益金とするかは、実務上非常に悩ましい問題です。

　法人税法では、商品販売による売上高の計上時期については、引き渡し時点と定めています。ここで、引き渡しがいつの時点であるのかが問題になります。

　これについては、倉庫からの出荷時、着荷時、検収時などの基準があります。会社はこの中から自社にとって適切な基準を選定することになります。

　なお、いったん選定した基準を毎期継続して適用する必要があるということに注意が必要です。

2 ほとんどの会社は出荷時に売上高を計上しています

　ほとんどの会社では、商品の売上高の計上時期として倉庫からの出荷時点を採用しています。商品の出庫にあたって発行される出荷指示書をもとに、売上高を帳簿上も計上するのです。

　検収基準が採用されるのは、据付工事の必要な機械装置や役務提供業などの場合に限定されるようです。これらの業種では、顧客から受け取った検収報告書などの書類をもとに売上高を計上します。

OnePoint 収益認識に関する会計基準

平成30年4月1日以後開始事業年度から新しい収益認識に関する会計基準が適用可能となりました。これに対応して、法人税法も新しい会計基準に歩みよった売上高の計上時期を認めています。

FIGURE 1 売上形状時期いろいろ

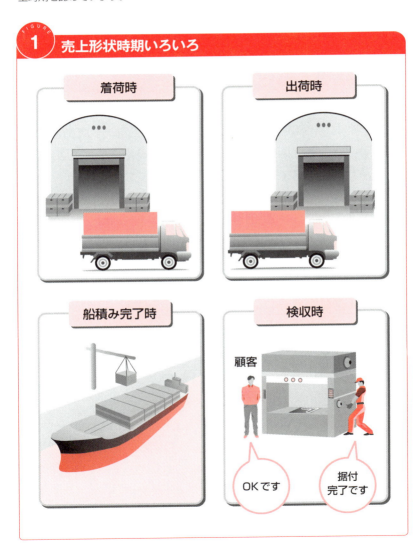

特殊な販売形態の売上計上時期

委託販売や割賦販売など、特殊な販売形態をとっている場合の売上高の計上時期については、特別の取り扱いが定められています。

1 委託販売による売上高の計上時期

委託販売とは、商品の販売を他の業者に委託する取引で、商品を別の業者のお店に陳列して売ってもらうという販売方式をいいます。

法人税法上、委託販売による売上高の計上時期については、原則として受託者が商品を販売した日と定めています。

しかし、遠く離れた受託者については、いつどれだけ販売できたかを委託者が適時に把握できないこともあります。そこで、委託販売については、売上計算書が委託者に到達した日に売上高を計上することも認められています。

2 長期割賦販売等による売上高の計上時期

割賦販売とは、月賦などの方法で分割して代金の支払いを受ける取引をいいます。

割賦販売についても、売上高の計上時期については、原則として商品を引き渡した日と定められています。

ただし、割賦販売の中でも、割賦代金の支払いが2年以上かつ3回以上であるなど、一定の条件を満たす**長期割賦販売等**に該当する場合には、割賦代金の回収期限の到来に応じて売上高を計上する方法が認められていましたが、今後このような取扱いは廃止されることになりました。

2 委託販売の収益計上時期

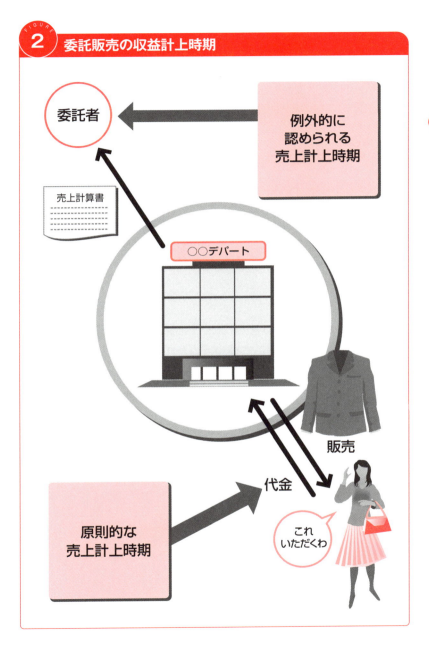

受取配当金は益金不算入

会社が他社の株式を所有している場合に受け取る配当金は、会計上明らかな収益ですが、法人税の計算においては益金に算入されません。

1 受取配当金が益金に算入されない理由

受取配当金は、原則として益金に算入されません。

そもそも、会社は複数の投資家が資金を出し合って設立し、営業を行うものです。そして、会社の営業活動から生じた利益は、株主に対して配当金として還元されます。

ここで二重課税の問題が生じます。

つまり、会社で利益に対して法人税を課され、さらに投資家が配当金を受け取ることに対して課税されたのでは、1つの事業から得られた利益に、二重で課税することになってしまいます。

そこで、税引後の利益から支払われる配当金については、これを受け取った投資家において、益金不算入とすることとされているのです。

2 受取配当金のすべてが益金不算入となるのではありません

ただし、保有割合が5％超、3分の1以下の会社から受け取る配当金については、50％だけが益金不算入、保有割合が5％以下の会社から受け取る配当金については、20％だけが益金不算入とされています。

また、株式取得のために要した支払利息については、益金不算入とされる配当金の金額から控除される場合があります。

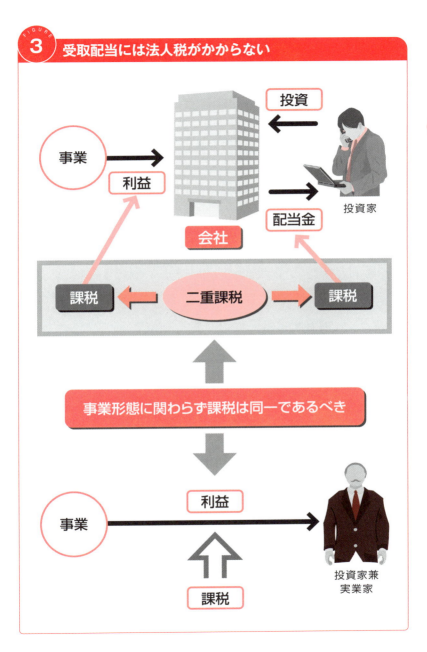

Column

税務調査の費用は税務署負担？

　税務調査にやってくる調査官は、この上なく他人行儀です。
　通常、税務調査は終日行われますので、途中にお昼休みが入ります。
「昼食をご用意しています」などと会社から申し入れても、原則としてこれを受け入れません。
「昼休みは税務署に戻って、別の仕事をしますので」と言って、1時間だけ会社から抜け出した調査官もいました。本当に税務署で別の仕事をしていたのでしょうか？
　郊外の工場などで、付近に飲食施設がまったくない場合ですと、調査官も会社の従業員食堂で食事をとることになります。しかし、この場合も、会社の経理担当者と一緒のテーブルに着くことは避けようとします。当然、調査官は自分で昼食代を支払います。
　確かに、食事の提供を受けたのでは、税務調査の公平性に疑いを持たれる可能性がありますので、これは正しい対応かと思います。
　税務調査の実費精算は昼食以外の面でも徹底しています。提出資料について、コピーをとる場合には、コピーの実費を支払います。中には、携帯用コピー機とコピー用紙を持参した調査官がいましたが、さすがにバッテリーまでは持参できず、会社の電気を利用していました。
　コピーを取り終ってから、「電気代は支払いますから」と言って、本当に支払っていたのには参りました。

CHAPTER 3

損金について詳しく見てみましょう

　法人税の申告をする際に、最も悩ましい問題が損金不算入となる費目の取り扱いです。会計上は費用となるにもかかわらず、まったく損金に算入できない費目や、損金算入できる金額に上限のある費目がいくつもあります。
　また、損金算入するには損金経理などの一定の条件が必要なものもあり、細心の注意が必要です。

損金計上するタイミングがとても重要です

費用と損金の違いについては、1-5節で解説しましたが、費用と損金の間には、その計上時期にも違いがあります。ここでは、損金をどの時点で計上すべきか考えてみましょう。

1 損金が計上されるタイミングは遅い？

　法人税の計算をしていると、会計上は費用を計上しなければならないのに、税務上の損金算入の時期は、もっとあとの事業年度になってしまうということがよくあります。ただでさえ安くない法人税ですが、費用がなかなか損金と認められず、いっそう税負担が大きくなってしまいます。

　この原因の1つとして、費用と損金の間に、その計上時期についての根本的な考え方の違いがあることを知っておきましょう。

2 債務確定主義によって認識される損金

　一般に、会計上の費用の計上は、**発生主義**によって行われます。発生主義の考え方によると、費用は収益の計上と歩調を合わせて計上されます。収益計上時期とのバランスをとるために、合理的な見積もり計算によって、費用をあらかじめ計上しておくこともあります。経済実態にマッチした計上時期といえるでしょう。

　それに対して、税務上は、販売費、一般管理費の計上は、**債務確定主義**によって行われます。債務確定主義とは、法的に支払い義務が確定した時点で損金を計上するという考え方です。経済実態として費用が発生していても、債務が確定していなければ損金を計上することはないのです。

FIGURE 1 費用と損金 計上時期の違い

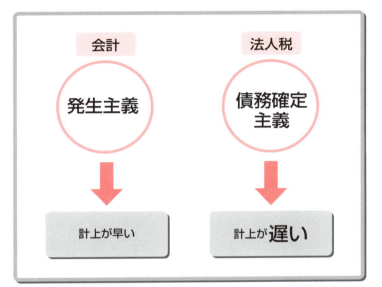

会計	法人税
発生主義	債務確定主義
計上が早い	計上が**遅い**

債務確定主義

債務確定のための3要件

(1) 債務が成立していること。

(2) 具体的な給付をすべき原因となる事実が発生していること。

(3) 金額を合理的に算定することができるものであること。

発生主義と債務確定主義はどう違う?

発生主義と債務確定主義はどう違うのでしょうか? 具体例を挙げて見ていきましょう。

1 引当金を見れば両者の違いが明らかに

発生主義と**債務確定主義**の違いを理解するために、わかりやすい例を挙げてみましょう。両者の違いがはっきりと現れるのは、引当金の計上時期においてです。

例えば、賞与引当金が良い例です。

会計上、賞与引当金の繰入額は当然、費用として認識されます。決算月までの労働に対して、決算日後に支給される賞与がある場合は、賞与の支給額を見込んで引当金を計上するのです。

しかし、税務上は賞与引当金の計上が認められません。賞与の損金算入時期は、従業員に賞与を支給した時点です。労働という役務提供を受けただけでは、法律上、賞与の債務が確定していないと考えるためです。

税法の考え方は、少し杓子定規に過ぎる感があります。しかし、納税者間の公平を確保するためには、見積もりの計算を認めない債務確定主義が適していると考えられているのです。

2 減価償却費は債務確定主義の例外です

固定資産の取得価額を損金に算入する時期も、債務確定主義の原則によれば、固定資産の除却時点ということになります。

減価償却費の損金算入は、一定の条件のもとで認められていますが、これは税法が発生主義に歩み寄った結果なのです。

FIGURE 2 引当金に見る発生主義と債務確定主義の違い

CHAPTER 3 損金について詳しく見てみましょう

27年4月

賞与引当金が費用として計上される

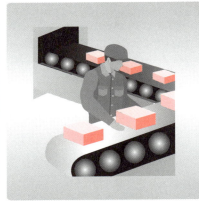

28年3月

賞与が損金算入される

29年3月

費用計上される時点よりも遅いタイミングで損金算入される！

損金経理って何？

一定の費用を損金算入するために、損金経理が条件とされることがあります。ここでは損金経理の仕組みを見てみましょう。

1 損金経理とは？

　損金経理とは、決算において費用、または損失として経理することをいいます。例えば、減価償却費については損金経理が要件となっていますので、決算書に減価償却費という費用を計上していなければ損金算入できません。

　法人税法では、減価償却費以外にも、いろいろな費用項目について、損金経理を条件に損金算入を認めています。

　このような制約は、経理上の手続きを通して、会社が損金算入する意思を明確に示すことを要求するものです。

2 損金経理しなくても費用は損金算入できます

　法人税法などにおいて、損金経理を求める定めがない支出については、3-1節の3要件を満たしていれば、原則として損金算入されます。損金経理が要件とされていなければ、損益計算書に費用として計上されていなくとも、申告調整によって損金算入されることになるのです。

　例えば、期中に出張を行い、その支払いが済んでいるものについて、決算書上、「仮払金」の科目を用いて資産計上していたとしても、法人税の課税所得計算においては損金算入されます。

　このような支出項目を、絶対損金項目といいます。

OnePoint 償却費として損金経理した金額とは

固定資産の減価償却費を損金算入するためには、償却費として損金経理することが要件とされます。ところが、固定資産の経理処理が、会計上は税務上のそれと異なるケースがあります。
例えば、減損会計の適用により、減損損失を計上するケースなどです。
この場合、減損損失として費用処理した部分は、「償却費として損金経理」するという要件を満たせないのでしょうか？
法人税基本通達は、これを償却費として損金経理した金額に含めることを認めています。税法が少し固すぎると税務当局も感じているようです。

損金経理が損金算入の要件となる費目があります

減価償却費、一部の貸倒損失など

損金経理

(借)減価償却費　1,000,000円　(貸)建物　1,000,000円

費用科目！

科目によっては損金経理が損金算入の要件となります。

売上原価と棚卸資産

　会社が計上する費用の中でも、中心的存在となるのが売上原価です。ここでは、売上原価の損金算入について見てみましょう。また、売上原価の算定と期末棚卸資産の評価とは、表裏一体の関係にあります。棚卸資産の評価方法についても学びましょう。

1　売上原価の計算方法

　決算にあたっては、売上原価の算定を行いますが、販売した商品や製品の原価を1つずつ数えて積み上げていくわけではありません。前期末に所有していた在庫と、期中に購入した商品（または製造した製品）の取得価額の合計額を、期末在庫と売上原価に振り分ける作業で算定します。これを計算式で示せば、次ページのとおりです。

　期首商品棚卸高と当期商品仕入高は、前期の帳簿と期中の購入の記録から明らかですから、決算の作業において期末商品棚卸高を算定すれば、売上原価の額が求められます。

2　売上原価と期末商品棚卸高の関係

　計算式の期末商品棚卸高、期末製品棚卸高の金額が大きくなれば、商品売上原価、製品売上原価（損金）の金額は小さくなります。反対に、期末商品棚卸高、期末製品棚卸高の金額が小さくなれば、商品売上原価、製品売上原価（損金）の金額は大きくなります。

　法人税を少なくするためには、期末商品棚卸高、期末製品棚卸高の金額を、なんとか小さくできないものかと考えることになります。

売上原価の計算式

商品売上原価 = 期首商品棚卸高
　　　　　　　+ 当期商品仕入高 − 期末商品棚卸高

製品売上原価 = 期首製品棚卸高
　　　　　　　+ 当期製品製造原価 − 期末製品棚卸高

売上原価と期末在庫はトレードオフの関係にあります

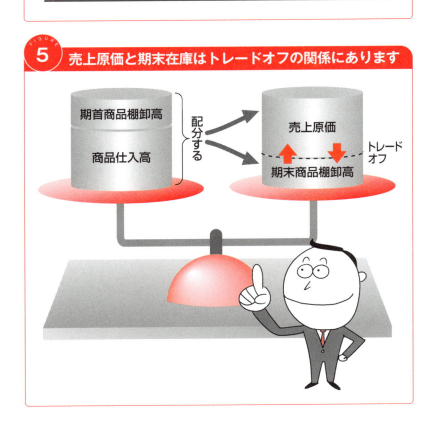

CHAPTER 3 損金について詳しく見てみましょう

棚卸資産の評価基準は原価法と低価法

税法上、資産は取得した価額で、その価値を認識することが原則です。ただし、期末在庫については、期末時点での値下がりぶんを損失として認識する方法（低価法）も、認められています。

1 原価法と低価法

棚卸資産の評価基準として、原価法と低価法の2つがあります。

原価法とは、期末時点で保有する在庫を取得原価で評価する方法をいいます。この場合、期末時点で保有する在庫について、取得時から値下がりしていたとしても、その値下がりについて損失を計上することはありません。

一方、**低価法**とは、取得原価と期末時点での**時価**（時価とは期末時点での取得に、通常要する価額です）とを比較して、いずれか低い方の価額で在庫を評価する方法をいいます。在庫の価値が取得時よりも下がっているのであれば、早期に値下がり損失を認識する方法です。

2 低価法が一般的には有利な方法

低価法によって棚卸資産を評価すれば、売上前に在庫の値下がり損失を計上することになりますので、毎年の利益は原価法によった場合よりも小さくなります。当然、法人税額も小さくなる傾向にあります。

一般的には、低価法が有利な方法であるといえるでしょう。

低価法

在庫の値下がり損を早期に認識

↓

法人税額は小さくなる傾向に

原価法

在庫の値下がり損は認識しない

↓

法人税額は大きくなる傾向に

棚卸資産の評価方法

棚卸資産の評価方法には6つの種類があり、会社はこの中から1つを選択します。

1 棚卸資産の評価方法とは

棚卸資産の評価基準として、原価法を採用した場合でも、低価法を採用した場合でも、決算日までに取得した棚卸資産の取得価額を期中の売上に対応する部分と、期末の在庫に対応する資産とに配分しなくてはなりません。

この配分方法には、6つの種類があります。会社は、この中から1つを選択します。

棚卸資産の評価方法は、期末の棚卸資産の評価額を算定するための一定の仮定ですので、実際に商品が選択した方法（例えば、先入先出法）によって払い出されているかどうかは関係ありません。

- **個別法**……………各在庫を個別に管理するものとします。
- **先入先出法**………古い在庫から払い出すものとします。
- **総平均法**…………在庫の払い出しを平均単価で行います。
- **移動平均法**………在庫の払い出しを平均単価で行います。
- **最終仕入原価法**…最後に仕入れた単価で在庫を評価します。
- **売価還元法**………在庫の売価に原価率を乗じて在庫を評価します。

7 評価方法の実例

(設例) A商品
4月1日　@100円で10個仕入
10月1日　@120円で10個仕入
3月1日　15個販売　期末在庫5個

先入先出法

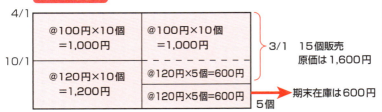

総平均法

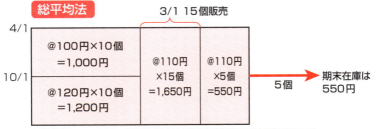

平均単価@110円　移動平均法は単価の計算方法が若干異なる

最終仕入原価法

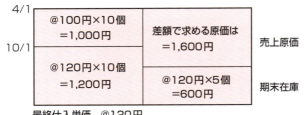

最終仕入単価　@120円

棚卸資産の付随費用

棚卸資産の引取運賃を一括で費用処理できないなんて、意外ではないですか？

1 取得価額には付随費用を含める

期中に購入した棚卸資産の取得価額には、購入対価に加えて、付随費用が含められます。これを計算式で示せば、次ページのようになります。

購入対価だけを取得価額としてしまいがちですが、付随費用を販売費および一般管理費とし、支出した事業年度の経費（損金）として処理することは、原則として認められません。

2 付随費用ってどんなもの？

棚卸資産を購入するときに発生する付随費用としては、引取運賃、荷役費、運送保険料、購入手数料、関税、検収費、保管費などがあります。

引取運賃などは、運送会社からの請求書でその金額を簡単に把握できますが、保管費に減価償却費が含まれる場合などは、その計算が非常に複雑で面倒になります。

なお、これらの付随費用のうち、買入事務費や検収費のように、棚卸資産取得後に会社内で発生する間接付随費用については、その額が、棚卸資産の購入対価の3％以内である場合には、取得原価に算入しないことも法人税法上で認められています。

OnePoint 間接付随費用の取り扱い

間接付随費用を棚卸資産の取得価額に含めていない会社は少なくありません。ところが、税務調査では、この点をチェックされることがあります。
例えば、検収場の施設の減価償却費まで計算して間接付随費用を計算すると、その金額が棚卸資産の購入対価の3%を超えることも珍しくありません。

棚卸資産の取得価額

棚卸資産の取得価額 ＝ 購入対価 ＋ 付随費用

棚卸資産を購入するときに要する付随費用の例

取得価額に算入されるべき付随費用

直接付随費用
- 引取運賃
- 荷役費
- 運送保険料
- 購入手数料
- 関税

間接付随費用
- 買入事務費
- 検収費
- 選別費
- 販売所間の運賃
- 保管費

棚卸資産評価方法の選定と届出

棚卸資産の評価方法を選択することはできますが、あらかじめ、これを税務署に届け出る必要があります。

1 棚卸資産の評価方法の届出書を税務署に提出します

会社は、棚卸資産の評価方法を選択することができますが、これをあらかじめ税務署に届け出ることが必要です。届出の方法は、**棚卸資産の評価方法の届出書**を税務署に提出することで行います。

通常は、会社を設立してから、設立第1期の確定申告書の提出期限までに提出します。

もし、届出書を提出しなかった場合には、**最終仕入原価法**を選択したことになります。最終仕入原価法は、期末在庫の計算が最も簡単な方法ですから、これを選択することで特段の不利益は生じません。

2 評価方法を変更することも可能です

いったん選択した評価方法を変更することも可能です。

評価方法を変更する場合には、変更しようとする事業年度が始まるまでに、**棚卸資産の評価方法の変更承認申請書**を税務署に提出します。

ただし、いたずらに評価方法を変更することが許されるわけではありません。現在の評価方法を採用してから、おおむね3年経過していることが条件とされています。棚卸資産の評価方法を変更することで、毎期の売上原価の額を操作することができないようになっているのです。

OnePoint 評価方法の変更には理由が必要

棚卸資産の評価方法の変更承認申請書には、変更の理由を記載することになっています。たんに税額を操作する目的で、評価方法を変更することはできない仕組みになっています。

FIGURE 10 棚卸資産評価方法の選定

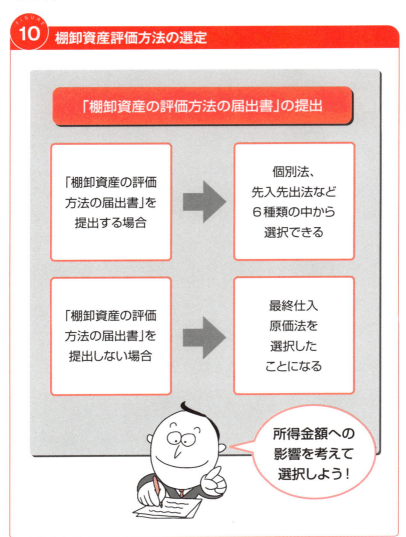

減価償却って何？

建物や機械などの固定資産は、取得時に多額の対価を支払いますが、これを取得した事業年度の損金とすることはできません。長い年月にわたって、毎期少しずつ損金を計上していきます。この手続きが、減価償却と呼ばれるものです。

1 減価償却とは

土地や美術品などは、購入してから何年たっても、その価値が下がることはありませんが、機械などは、取得後10年程度の耐用期間が過ぎると、利用できなくなってしまいます。その場合、機械の取得価額（例えば100万円）は、機械の使用期間（例えば10年間）にわたって、毎年少しずつ費用として認識すべきだということになります。

このように、経年によってその価値が下がっていく固定資産について、毎年、その資産計上額を少しずつ費用処理していく経理処理が、減価償却です。

2 減価償却費は損金算入が認められる

減価償却は、固定資産の利用期間にわたって、取得価額を費用として各事業年度に配分する手続きであるといえます。

決算にあたっては、固定資産の減価償却費を計算し、費用として計上すると共に、固定資産の簿価を減ずる処理を行うことが企業会計上は求められています。

これを受けて、法人税法においても、一定の条件を満たす減価償却費については、損金算入が認められています。

FIGURE 11 減価償却のイメージ

固定資産購入時

購入当初は全額資産として計上される
- 資産として計上される金額 600万円
- 固定資産購入時に支払った金額 600万円

1年後

減価償却費控除後の金額が資産として計上される
- 減価償却費 100万円
- 資産として計上される金額 500万円
- 固定資産購入時に支払った金額 600万円

2年後

減価償却費控除後の金額が資産として計上される
- 減価償却費 100万円
- 資産として計上される金額 400万円
- 前期末資産計上額 500万円

3年後

減価償却費控除後の金額が資産として計上される
- 減価償却費 100万円
- 資産として計上される金額 300万円
- 前期末資産計上額 400万円

減価償却の対象となる資産

固定資産の中でも、減価償却の対象となる資産は、以下に挙げる減価償却資産に限定されます。

1 減価償却の対象となる資産

減価償却の対象となる資産は、次ページに挙げる**減価償却資産**に限定されます。

なお、資産であっても、棚卸資産は減価償却資産に該当しません。機械メーカーが自社製品の機械を、完成から販売するまでの期間について、減価償却するということはないのです。

また、事業の用に供していない資産も減価償却資産に該当しません。最新鋭の機械を導入したものの、使用方法がわからないためまったく利用されず、工場の隅でほこりをかぶっているという場合、その機械は減価償却の対象とならないのです。

2 減価償却の対象とならない資産

固定資産のうち、土地および借地権、電話加入権、1点100万円以上の美術品などは、原則として減価償却の対象となりません。

なお、電話加入権については、現在、NTTグループが廃止を検討しています。そのため、電話加入権を損金として処理できるよう、取り扱いが変更される可能性があります。

FIGURE 12 減価償却の対象となる資産

有形固定資産
1. 建物およびその附属設備（暖冷房設備、照明設備など）
2. 構築物（ドック、橋など）
3. 機械および装置
4. 船舶
5. 航空機
6. 車両および運搬具
7. 工具、器具および備品

無形固定資産
1. 鉱業権（租鉱権および採石権その他土石を採掘しまたは採取する権利を含む）
2. 漁業権（入漁権を含む）
3. 水利権
4. 特許権
5. 実用新案権
6. 意匠権
7. 商標権
8. ソフトウエア
9. 営業権
10. 水道施設利用権　など

生物
1. 牛、馬、豚、綿羊およびやぎ
2. かんきつ樹、りんご樹、ぶどう樹など
3. 茶樹、オリーブ樹、みつまた、こうぞ、もう宗竹、アスパラガス　など

固定資産と消耗品との境界は？

金額の小さな固定資産については、消耗品として一時の損金として処理することが認められています。

1 取得価額10万円未満なら消耗品

前節に挙げた資産であれば、原則として減価償却資産となりますが、こまごまとした資産まで減価償却資産として管理するのは、会社業務の実態にそぐわない面があります。

そこで、資産の取得価額が10万円未満の少額の減価償却資産については、使用し始めた時点で、その取得価額の全額を損金算入することができるとされています。多くの会社では、10万円未満の少額減価償却資産を取得した場合には、消耗品費など、費用の勘定科目を用いて、一時の損金として経理処理しています。

中小企業者については、取得価額30万円未満の減価償却資産を取得した場合に、使用し始めた時点で、その取得価額の全額を損金算入することができる特例があります。ただし、取得価額の合計が年間300万円までに制限されます。

2 取得価額の判定は、通常1単位として取引される単位で

取得価額が10万円（30万円）未満であるかどうかの判定は、通常、1単位として取引されるその単位ごとに判定します。

3 使用可能期間が1年未満の資産も消耗品

使用可能期間が1年未満の減価償却資産も、事業の用に供した事業年度の一時の損金として処理できます。

OnePoint 貸付用資産についての規制

前ページの取得価額が10万円(30万円)未満の場合に消耗品費として一時の損金にできる取扱いは、貸し付ける減価償却資産には適用されなくなりました。

FIGURE 13 通常1単位として取引される単位で、取得価額を判定

通常1単位で取得

パソコン本体 8万円 + ディスプレイ 5万円

✕「消耗品費」 — 10万円未満の少額減価償却資産

→「資産計上して減価償却」 — 1単位として取得したものが10万円以上

デスクトップ型パソコンの本体(8万円)とディスプレイ(5万円)を併せて購入した場合には、本体とディスプレイがセットで「通常1単位として取引される単位」ですので、取得価額が10万円以上(13万円)であるため、消耗品費で処理することはできません。

20万円未満の減価償却資産に認められる一括償却

取得価額が20万円未満の減価償却資産は、一括償却資産として、3年間で償却する方法を選択できます。

1 取得価額20万円未満の場合の取り扱い

取得価額が10万円以上の固定資産については、法定耐用年数で減価償却を実施するのが原則です。ただし、取得価額20万円未満の減価償却資産については、**一括償却資産**として、3年間で償却する方法を選択できます。

もし、会社が取得価額10万円未満の減価償却資産を、即時費用化していない場合には、これも一括償却資産に含めて3年間で償却することができます。

2 一括償却の計算方法

一括償却資産の償却費の損金算入限度額は、次ページの計算式で求められます。

一括償却することとした場合、残存価額をゼロとして償却することになりますので、通常の減価償却を行うよりも損金として処理するスピードは速まります。

また、期中に取得、事業供用を開始した資産について、償却費を月割り計算することはありませんから、この点でも損金算入できる償却費は大きく計算できます。

その反面、償却が完了する前に、対象となる資産を除却しても、除却損を損金算入することは、税務上認められず、3年間の均等償却を続けていくことになります。

OnePoint 貸付用資産についての規制

一括償却の取扱いも、貸し付ける減価償却資産には適用されなくなりました。

FIGURE 14 一括償却資産の償却費の損金算入限度額

$$\text{一括償却資産の償却費の損金算入限度額} = \text{取得価額の合計額} \times \frac{\text{事業年度の月数（通常は12）}}{36}$$

FIGURE 15 取得価額による処理方法の違い

<table>
<tr><th></th><th>取得価額</th><th>中小企業</th><th>中小企業以外</th></tr>
<tr><td></td><td>30万円以上</td><td>通常の減価償却</td><td rowspan="2">通常の減価償却</td></tr>
<tr><td>30万円</td><td>30万円未満
20万円以上</td><td rowspan="3">消耗品費で
処理できる</td></tr>
<tr><td>20万円</td><td>20万円未満
10万円以上</td><td>一括償却が可能</td></tr>
<tr><td>10万円</td><td>10万円未満</td><td>消耗品費で
処理できる</td></tr>
</table>

資本的支出と修繕費

固定資産のメンテナンス費用については、法人税法上、一時の損金として処理できる場合と、資産計上しなければならない場合とがあります。

1 メンテナンス費用を資産計上する？

固定資産を保有していると、定期的なメンテナンスが必要になります。また、突発的に修繕が必要となることも少なくありません。

これらのメンテナンス費用については、法人税法上、一時の損金として処理できる場合と、固定資産として計上しなければならない場合とがあります。

後者の場合を**資本的支出**といいます。

2 資本的支出と修繕費の境界は？

資本的支出に該当するかどうかは、判断が非常に難しく、実務では多くの会社が頭を悩ませています。

資産の使用可能期間を延長する効果がある支出や、資産の価額を増加させる効果がある支出が、資本的支出であると定められていますが、規定が抽象的ではっきりしないのです。

建物や機械設備の修繕にかかるコストは巨額なものとなりがちです。修繕費として一時の損金とするのと、資本的支出として何年もかけて減価償却費を計上するのとでは、毎年の法人税の金額が大きく異なってきます。そのため、税務調査でも必ずチェックされるポイントです。

16 資本的支出とは？

修理、改良などの支出のうち、固定資産として計上するもの

❶ 資産の使用可能期間を延長する効果がある支出
❷ 資産の価額を増加させる効果がある支出

資本的支出の例

建物の避難階段の取り付け、用途変更のための模様替えなどの改造または改装などは資本的支出に該当します。また、機械の部分品を特に品質、性能の高いものに取り替えた場合には、通常の取り替え費用を超える部分の金額が資本的支出となります。

修繕費の例

建物の解体移築費（旧資材の70％以上が再使用されるなどの条件があります）や、機械装置の移設費用、地盤沈下による海水などの浸害を受けることとなったために行う床上げ費用などは、修繕費として一時の損金となります。

減価償却には、複数の方法があります

減価償却の方法はいろいろあります。税法上も選択の余地がありますので、会社にとって最も有利な方法が選択できます。

1 いろいろな減価償却方法

減価償却には、複数の方法があります。会社は、複数ある減価償却方法の中から任意に選択できるのですが、減価償却資産の種類ごとに、選択できる方法が税法で限定されています。

2 償却方法の選定と届出

会社は、償却方法を選択することができます。償却方法の選定は、「構築物は定額法、機械は定率法、車両運搬具は定額法…」というように、資産の種類ごとに選定します。会社が2つ以上の事業所を有している場合には、事業所ごとに選定することもできます。この場合、「東京工場の機械は定率法、大阪工場の機械は定額法」という選定が可能です。届出は、**減価償却資産の償却方法の届出書**を税務署に提出することで行います。通常は、会社を設立してから、設立第1期の確定申告書の提出期限までに提出します。もし、届出書を提出しなかった場合には、資産の種類ごとに定められている法定償却方法を選択したことになります。

法定償却方法は、例えば、建物については定額法、機械については定率法などと定められています。

OnePoint 減価償却の計算式の見直し

平成19年度と24年度の税制改正により、定額法と定率法の計算式が変更になりました。3-15節、3-16節で解説します。

FIGURE 17 いろいろな減価償却方法

減価償却方法	内容
定額法	固定資産の耐用期間中、毎期均等額の減価償却費を計上する方法
定率法	固定資産の耐用期間中、毎期期首未償却残高に一定率を乗じた減価償却費を計上する方法
生産高比例法	固定資産の耐用期間中、毎期当該資産による生産または用役の提供の度合いに比例した減価償却費を計上する方法

FIGURE 18 法人税法上選択できる減価償却方法

有形固定資産

建物、建物付属設備、構築物…定額法

機械及び装置、船舶、航空機、

車輌及び運搬具、工具器具及び備品…定額法、定率法

※鉱業用減価償却資産については別途規定あり

無形固定資産

無形減価償却資産…定額法

鉱業権…定額法、生産高比例法

生物

生物…定額法

定額法の仕組み

減価償却の方法の中でも、最も理解しやすい定額法について見てみましょう。

1 定額法の計算方法

法人税法においては、**定額法**による減価償却費の損金算入限度額を、次ページの式で定めています。法人税法においては、減価償却費を損金算入するかどうかは会社の選択に任されています。法人税法は、あくまで損金算入の上限額を定めていることに留意しましょう。赤字の会社は減価償却費を計上しなくてもかまわないのです。

企業会計原則という会計のルールで、減価償却費を、毎期必ず計上しなくてはならない、とされているのと対照的です。

2 残存価額と償却率

次ページの式の**残存価額**とは、固定資産の耐用年数が到来したときに、売却やスクラップで得られる処分価値相当額です。従来、残存価額は取得価額の10％とされていました。

平成19年税制改正により、残存価額は廃止され、償却率も変更されています。平成19年3月31日以前に取得した減価償却資産の償却限度額は、取得価額から残存価額を差し引いて求めた金額に、償却率を乗じて算定します。一方、平成19年4月1日以降に取得した減価償却資産の償却限度額は、取得価額に償却率を直接乗じて算定します。

税法上、耐用年数が2年～100年の場合、それぞれについて償却率が定められています。償却率は次ページの表のとおりです。

FIGURE 19 定額法の償却限度額

償却限度額 ＝ 取得価額 × 償却率

FIGURE 20 税法で定められている定額法の償却率

耐用年数	定額法の償却率	耐用年数	定額法の償却率
2年	0.500	7年	0.143
3年	0.334	8年	0.125
4年	0.250	9年	0.112
5年	0.200	10年	0.100
6年	0.167	11年	0.091

FIGURE 21 定額法の計算例

設例

営業用の乗用車を1,000,000円で購入
　耐用年数：6年　償却率：0.167

計算

償却限度額＝取得価額×償却率
　　　　　＝1,000,000×0.167
　　　　　＝167,000円

1年目〜6年目まで同じ

定率法の仕組み

減価償却の方法の中でも、会社が最も一般的に採用している定率法について見てみましょう。

1 定率法の計算方法

平成24年4月1日以降に取得した減価償却資産に適用される定率法は、**200%定率法**と呼ばれるものです。これは、同一の耐用年数の定額法における償却率を2倍した償却率を期首帳簿価額に乗じるというものです。ただし、この定率法の計算方法によって毎年の減価償却費を計算していっても、耐用年数経過時点で、固定資産の取得価額全額を償却するには至りません。なぜなら、定率法の計算方法によれば、固定資産の帳簿価額を一定比率で小さくする効果しかないため、簿価はいつまでたってもゼロにはならないからです。

そこで、ある固定資産について、耐用年数を満了するまでの残存年数で均等償却したと仮定して計算した場合の償却費の方が、通常の定率法の償却費よりも大きくなる年度から、残存年数にわたる均等償却額を償却限度額とするルールが新たに設けられました。

2 旧税制における定率法

平成19年4月1日から平成24年3月31日までの間に取得した減価償却資産に適用される定率法は、同一の耐用年数の定額法における償却率を2.5倍した償却率を期首帳簿価額に乗じて計算する250%定率法でした。

FIGURE 22 定率法の償却限度額

償却限度額＝（取得価額－減価償却累計額）×償却率

FIGURE 23 税法で定められている定率法の償却率

耐用年数	定率法の償却率	耐用年数	定率法の償却率
2年	1.000	7年	0.286
3年	0.667	8年	0.250
4年	0.500	9年	0.222
5年	0.400	10年	0.200
6年	0.333	11年	0.182

FIGURE 24 定率法の計算例

設例

営業用の乗用車を1,000,000円で購入
　耐用年数：6年　償却率：0.333

計算

1年目　償却限度額＝（取得価額－減価償却累計額）×償却率
　　　　　　　　　＝（1,000,000－0）×0.333
　　　　　　　　　＝333,000円
2年目　償却限度額＝（1,000,000－333,000円）×0.333
　　　　　　　　　＝222,111円
3年目　償却限度額＝（1,000,000－555,111円）×0.333
　　　　　　　　　＝148,148円
　　　　　　　　　　　　　（333,000+222,111円）

以下、毎年償却限度額は小さくなっていく

法定耐用年数を過ぎても償却可能限度額まで償却できます

当初予定していた耐用年数（法定耐用年数）を経過したあとも、固定資産を使用し続けるケースは少なくありません。その場合の減価償却の取り扱いについて見てみましょう。

1 法定耐用年数が過ぎると

平成19年4月1日以降に取得した減価償却資産は、法定耐用年数が過ぎれば、全額償却が完了します（200%定率法、250%定率法）。

一方、平成19年3月31日以前に取得した減価償却資産に適用される旧定額法と旧定率法においては、法定耐用年数が経過しても未償却額が残ってしまいます。これは、旧定額法と旧定率法の計算方法が、法定耐用年数経過時点で、取得価額の10%が帳簿価額として償却されずに残るよう設計されていたからです。

2 償却可能限度額の取扱いの変更

従来、税務上は、資産の取得価額に対して一定割合の帳簿価額を残すことが求められていました。言い換えれば、損金算入できる減価償却費の累積金額には、上限額が定められていたということです。

このような、損金算入できる減価償却費の上限額を、**償却可能限度額**といい、有形減価償却資産の償却可能限度額は、取得価額の95%とされていました。平成19年の税制改正により、償却可能限度額は廃止されました。従来の償却可能限度額まで減価償却が済んだ場合、残額を60ヶ月で損金算入できることになりました。

25 従来の償却可能限度額の取り扱い

平成19年4月1日以降取得分

法定耐用年数で全額償却完了

（ただし、備忘価額1円を残す）

平成19年3月31日以前取得分

法定耐用年数経過時点で取得価の90％償却完了

法定耐用年数経過後も引き続き減価償却を続ける

取得価の95％まで償却が進むと、
残りの5％は60ヶ月で償却して損金算入

法定耐用年数はとても細かく決められています

耐用年数を短くできれば、減価償却費を過大に計上し、納税を回避することができます。そこで、税法においては、固定資産の種類、用途、細目ごとに、耐用年数を細かく決定しています。

1 耐用年数は税法で定められています

　減価償却費を計算する際の耐用年数は、対象となる固定資産が実際に使用される期間を合理的に計算して求めるべきものです。したがって、会計理論上は、会社が過去の経験、将来の予測、その他、それぞれの個別的事情を十分に考慮して、自主的に決定することとされています。

　しかし、税務上は、各企業の自由に任せた場合、耐用年数をいたずらに短くする会社が出てくるおそれがあります。耐用年数を短くすることで、減価償却費を過大に計上し、納税を回避することができるためです。そこで、税法においては、固定資産の種類、用途、細目ごとに耐用年数を決定しています。これを**法定耐用年数**といいます。

2 かなり細かい法定耐用年数

　一例として、車両運搬具の法定耐用年数を掲げると、次ページの表のようになります。法定耐用年数は、用途や細目によってかなり細かく定められていることがわかります。

　実務上は、会社が取得した固定資産が、耐用年数を判定する際に、どの分類に属するものかがはっきりせず、迷うことが頻繁にあります。税務調査でも、耐用年数の誤りは厳しく指摘されます。

FIGURE 26 法定耐用年数の一例

車両運搬具の法定耐用年数

種類	構造又は用途	細目	耐用年数
車両及び運搬具	鉄道用又は軌道用車両(架空索道用搬器を含む。)	電気又は蒸気機関車	18年
		電車	13年
		内燃動車(制御車及び附随車を含む。)	11年
		貨車	
		高圧ボンベ車及び高圧タンク車	10年
		薬品タンク車及び冷凍車	12年
		その他のタンク車及び特殊構造車	15年
		その他のもの	20年
		線路建設保守用工作車	10年
		鋼索鉄道用車両	15年
		架空索道用搬器	
		閉鎖式のもの	10年
		その他のもの	5年
		無軌条電車	8年
		その他のもの	20年
	特殊自動車(この項には、別表第2第334号の自走式作業用機械を含まない。)	消防車、救急車、レントゲン車、散水車、放送宣伝車、移動無線車及びチップ製造車	5年
		モータースィーパー及び除雪車	4年
		その他のもの	4年

減価償却費を損金算入するための要件

減価償却費を損金算入するためには、一定の条件を満たす必要があります。ここでは、その条件を見てみましょう。

1 減価償却費を損金算入するための要件

減価償却費については、損金算入できる金額の計算が細かく定められていることを先に示しました。

しかし、必要とされることはそれだけではありません。損金算入限度額以内の減価償却費を損金算入するためには、以下の手続き要件を満たす必要があります。

●減価償却費を損金算入するための要件

> ❶償却限度額以内であること
> ❷損金経理
> ❸明細書を確定申告書に添付

損金経理とは、減価償却費を費用として経理処理することです。会社が、決算書に減価償却費を費用として計上していない場合は、損金算入できません。

また、明細書の添付も忘れてはなりません。明細書の書式は税法で定められています。定額法の場合は「別表16（1）」、定率法の場合は「別表16（2）」を添付します。コンピュータの固定資産管理ソフトを利用して固定資産台帳を作成している場合でも、これらの書式に転記して確定申告書に添付することが必要です。

FIGURE 27 法人税申告書別表16（2）

CHAPTER 3 損金について詳しく見てみましょう

① 旧定率法又は定率法による減価償却資産の償却額の計算に関する明細書

事業年度又は連結事業年度	●・4・1 / ●・3・31	法人名	(株) 山田商店

別表十六(二) 平十九・四・一以後終了事業年度又は連結事業年度分

御注意

2 法の規定の適用を受けるもの、(2)当期の耐用年数、種類等の異なることにまとめて、(3)の資産に該当する資本的支出の金額を除きます。(3)租税特別措置法による特別償却の規定の適用を受ける場合には、「特別償却限度額の計算に関する付表」を添付してください。

1 この表には、減価償却を受けて、記載を受けるもの、(2)当期の中途で事業の用に供した資産又は(3)の資産に該当するものを記載してください。なお、(1)及び(2)の資産に該当するものを記載して「40」欄及び「41」欄の金額を記載できます。

種 類	1	器具及び備品	器具及び備品			合 計
構 造	2	家 具	事務機器			
細 目	3	事務机	電子計算機			
取 得 年 月 日	4	●・4・	●・4・	・ ・	・ ・	・ ・
事業の用に供した年月	5	平成●年4月	平成●年4月			
耐 用 年 数	6	15 年	4 年	年	年	年
取得価額又は製作価額	7	外 400,000 円	外 350,000 円	外 円	外 円	外 750,000 円
(7)のうち積立金方式による圧縮記帳の場合の償却額計算の対象となる取得価額に算入しない金額	8					
差引取得価額(7)-(8)	9	400,000	350,000			750,000
償却額計算の対象となる期末現在の帳簿記載金額	10	333,200	131,250			464,450
期末現在の積立金の額	11					
積立金の期中取崩額	12					
差引帳簿記載金額(10)-(11)-(12)	13	外△ 333,200	外△ 131,250	外△	外△	外△ 464,450
損金に計上した当期償却額	14	66,800	218,750			285,550
前期から繰り越した償却超過額	15	外	外	外	外	外
合 計(13)+(14)+(15)	16	400,000	350,000			750,000
前期から繰り越した特別償却不足額又は合併等特別償却不足額	17					
償却額計算の基礎となる金額(16)-(17)	18	400,000	350,000			750,000

税務上の期首薄価を計算

平成19年3月31日以前取得分	差引取得価額 × 5 %(9)×100	19					
	旧定率法の償却率	20					
当期分の普通償却限度額等	算出償却額(18)×(20)	21	円	円	円	円	円
	増加償却額(21)×割増率	22	( )	( )	( )	( )	( )
	計(21)+(22)又は((18)-(19))	23					
	算出償却額((19)-1円)×12/60	24					
平成19年4月1日以後取得分	定率法の償却率	25	0.167	0.625			
	調整前償却額(18)×(25)	26	66,800	218,750	円		285,550
	保証率	27	0.03217	0.05274			
	償却保証額(9)×(27)	28	12,868	18,459 円			
	改定取得価額	29					
	改定償却率	30					
	改定償却額(29)×(30)	31	円	円	円		
	増加償却額((26)又は(31))×割増率	32	( )	( )	( )		( )
	計((26)又は(31))+(32)	33	66,800	218,750			285,550
当期分の普通償却限度額等(23)又は(33)	34	66,800	218,750			285,550
特別償却限度額	租税特別措置法適用条項	35	条 項( )	条 項( )	条 項( )	条 項( )	条 項( )
	特別償却限度額	36	外 円	外 円	外 円	外 円	外 円
	前期から繰り越した特別償却不足額又は合併等特別償却不足額	37					
	合計(34)+(36)+(37)	38	66,800	218,750			285,550
当期償却額	39	66,800	218,750			285,550
差引	償却不足額(38)-(39)	40					
	償却超過額(39)-(38)	41					
償却超過額	前期からの繰越額	42	外	外	外	外	外
	当期損金認容額 償却不足によるもの	43					
	積立金取崩しによるもの	44					
	差引合計翌期への繰越額(41)+(42)-(43)-(44)	45					
特別償却不足額	翌期に繰り越すべき特別償却不足額((40)-(43))と((36)+(37))のうち少ない金額	46					
	当期において切り捨てる特別償却不足額又は合併等特別償却不足額	47					
	差引翌期への繰越額(46)-(47)	48					
	翌期繰越額の内訳	平・・ 平・・	49					
	当期分不足額	50					
	連結組織再編成により引き継ぐべき合併等特別償却不足額((40)-(43))と(36)のうち少ない金額	51					

備考

法 0301－1602

71

圧縮記帳で節税できる!?

「固定資産圧縮損」などという実在しない費用を損金に算入して、法人税等の納税額を減らす方法があると聞いたら、興味ありますよね!? ここでは、圧縮記帳によって法人税等の納付額を一時的に減らす方法を見てみましょう。

1 圧縮記帳できなければどうなる?

会社が固定資産を取得する場合に、国から補助金を受けられるケースがあります。

ところが、会社が受け取った補助金は、益金として法人税の課税対象となりますので、全額を固定資産の取得費にあてることができません。

2 圧縮記帳で法人税を軽減

そこで、会社が受け取った補助金に対して、法人税が課されないための工夫が求められます。このための方法が、**圧縮記帳**と呼ばれる仕組みです。圧縮記帳を具体的に仕訳で示せば、次ページのようになります。

固定資産圧縮損という損失（損金）を計上します。実際に、取得した固定資産に毀損や滅失が生じているわけではないのですが、税額を少なくするためだけの経理上の処理として損失を計上するのです。

その結果、益金計上した補助金と同額の固定資産圧縮損を損金算入することができ、法人税などがかからないことになります。これによって、会社は受け取った補助金全額を固定資産の取得に振り向けることができます。

28 補助金に法人税がかかったら

補助金 1,000万円　　1,000万円

国　　会社　　機械

法人税等 400万円

購入したい

補助金に法人税がかかると、600万円しか機械購入費に充てられない。

　会社が1,000万円の設備投資をするにあたって、国から同額の補助金を受け取った事例を考えてみましょう。
　会社が受け取った補助金は益金として法人税の課税対象となります。もし、法人税等の税率が40％と仮定すると、会社の手許に残る補助金の額は、本来交付された金額の60％だけになってしまいます。これでは、国が会社に対して補助金を交付する効果も60％になってしまいます。補助金に対して法人税が課されるため、補助金を受けても計画通りの設備投資ができないという事態も起こってしまいます。

圧縮記帳の仕訳

補助金受け入れの仕訳

(借)預金　　　　　1,000,000円　　(貸)国庫補助金　1,000,000円

固定資産取得の仕訳

(借)機械装置　　　1,200,000円　　(貸)預金　　　　1,200,000円

圧縮記帳の仕訳

(借)固定資産圧縮損　1,000,000円　　(貸)機械装置　　1,000,000円

CHAPTER 3　損金について詳しく見てみましょう

圧縮記帳は課税の繰り延べでしかありません

法人税の負担が軽くなる圧縮記帳ですが、実は会社の税負担を一時的に軽減するものでしかありません。

1 圧縮記帳した固定資産の減価償却費は小さくなります

<u>圧縮記帳</u>は、会社の税負担を一時的に軽減するものでしかないことに注意してください。

前ページの仕訳をよく見ると、機械装置の計上額が200,000円（＝1,200,000円－1,000,000円）となっています。機械装置については、毎期減価償却費を計上して損金算入していきますが、この場合の償却費の計算の基礎となる金額は、圧縮記帳後の200,000円です。

このため、毎年計上される減価償却費は、圧縮記帳しない場合に比べて小さな金額となります。

2 2年目からの法人税は増加します

圧縮記帳した事業年度から、機械装置の減価償却が終了する事業年度までの所得金額の累計額を比較すると、両者は同額となります。

つまり、圧縮損を計上することで一時的に損金算入額が膨らみますが、以後、毎年計上する減価償却費の額は減少するため、長い目で見ると、圧縮損は帳消しになってしまいます。このため、圧縮記帳は、課税の繰り延べ効果を有するに過ぎないといえます。

土地のように、減価償却を行わない資産については、将来の売却時点において計上する売却益が、圧縮損を計上した金額だけ膨らみます。この場合も圧縮記帳は課税の繰り延べ効果を有するだけです。

OnePoint 課税の繰り延べのメリット

圧縮記帳によって、法人税等の金額を一時的に減らしても、長い目で見ると納税額に違いはありません。しかし、企業にとっては、日々の資金繰りは非常に重要であり、とりわけ金額の大きい設備資金について、税法上の配慮があることはありがたいといえるでしょう。

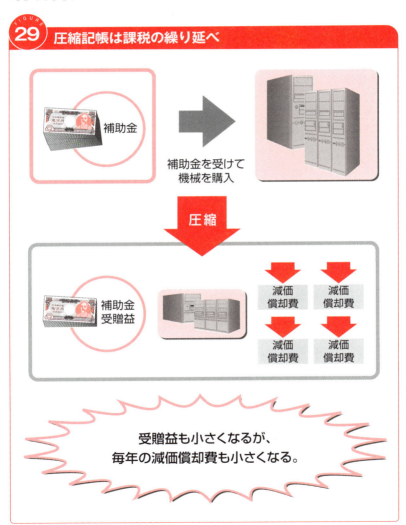

FIGURE 29 圧縮記帳は課税の繰り延べ

受贈益も小さくなるが、毎年の減価償却費も小さくなる。

圧縮記帳が認められるのはどんな場合？

圧縮記帳が認められるケースとして、例として挙げた国庫補助金以外にも、いくつもの種類があります。種類ごとに、圧縮記帳した場合の損金算入限度額が定められています。

1 圧縮記帳が認められるケース

圧縮記帳が認められる主なケースを、次ページに示しました。

工事負担金で取得した固定資産についても圧縮記帳が認められるのは、国庫補助金で取得した固定資産の圧縮記帳と同様の理由からです。

他に保険金などで取得した固定資産や、収容などに伴い取得した代替資産についても圧縮記帳が認められています。なぜなら、火災や収容といった、やむをえない理由によって古くから所有していた固定資産を新しい固定資産に置き換える場合に、意図しない利益が発生してしまうからです。会社が固定資産を新しいものに自発的に換えたわけではないのですから、税制上も会社の事情に配慮しているわけです。

2 特定の資産の買換えによる圧縮記帳

実務上、最も頻繁に利用されるのは特定の資産の買い換えの場合の圧縮記帳です。とりわけ重宝されているのが、所有期間が10年を超える土地、建物の買い換えです。会社が古くから所有している土地については、含み益が生じているものが少なくありません。これらを売却した場合には、巨額の法人税等を課せられますが、新たに不動産を購入することで、圧縮記帳による課税の繰り延べが可能です。

FIGURE 30 圧縮記帳が認められる主なケース

圧縮記帳が認められる場合

・国庫補助金等で取得した固定資産等の場合

・工事負担金で取得した固定資産等の場合

・保険金等で取得した固定資産等の場合

・交換により取得した資産の場合

・収用等に伴い代替資産を取得した場合

・特定の資産の買い換えの場合

圧縮記帳が認められる譲渡資産と買換資産の主な組み合わせ

譲渡資産	買換資産
国内にある土地等、建物又は構築物で、当該法人により取得をされた日から引き続き所有されていたこれらの資産のうち所有期間が10年を超えるもの	国内にある一定の土地等、建物又は構築物

CHAPTER 3 損金について詳しく見てみましょう

圧縮記帳の経理処理方法

圧縮記帳については、「固定資産圧縮損」を計上して、損益計算書の利益と固定資産の帳簿価額を直接減額する方法以外に、積立金を計上する経理処理方法があります。

1 固定資産の帳簿価額は実態を表示したい

圧縮記帳は、法人税を少なくするという目的のためには、有効な手段です。しかし、圧縮記帳の対象となった固定資産が、実態よりも小さな金額で貸借対照表に計上されてしまいます。

ところが、決算書の読者は、国庫補助金を受けて取得した固定資産であっても、固定資産本来の価値で貸借対照表に計上されることを望みます。

2 積立金方式による圧縮記帳

そこで、固定資産圧縮損を計上する代わりに、積立金を計上する経理処理方法を選択することが認められています。会社は、圧縮記帳しようとする金額を、剰余金の処分によって積立金として積み立てます。

この経理処理方法を**積立金方式**といいます。

積立金方式ならば、固定資産の帳簿価額を直接減額することがありません。そのため、貸借対照表に計上される固定資産の金額が圧縮記帳の適用の有無によって変化しません。貸借対照表に計上されている固定資産の金額は、固定資産本来の簿価となるというメリットがあります。

OnePoint 積立金を計上する理由

積立金方式であれば、損益計算書の利益には影響がありませんので、わざわざ積立金を計上せずに、税務申告書上で減算すれば済みます。積立金を計上する経理処理が税法で要求されている理由は、会社が固定資産を圧縮記帳する意思を決算書上で明確に示させようとしているためです。

2つの経理処理方法

直接減額方式

（借）固定資産圧縮損　　（貸）機械装置
　　　 1,000,000円　　　　　　 1,000,000円

積立金方式

（借）繰越利益剰余金　　（貸）圧縮積立金
　　　 1,000,000円　　　　　　 1,000,000円

> 会計上は積立金方式が望ましい方式とされています。ただし、積立金方式であれば、毎期の減価償却費の計算に加えて、積立金の取り崩しの処理も必要となるため、事務処理が煩雑です。

繰延資産とは何でしょう？

資産としての実態も価値もないのに、収益と費用の期間対応を正しくするという会計上の目的から、費用処理する時期を先送りして、資産として計上される科目が繰延資産です。

1 繰延資産とは？

新しく開業する場合には、開業準備のための支出が発生します。例えば、出店調査費や広告宣伝費などが挙げられます。

これらの支出は、当然に支出時の費用とするという考え方もあるでしょう。しかし、支出した開業費は、開業後の毎年の収益を得るために投下したものです。開業後の毎年の収益に対応させて、決算書に計上したいという考え方もあるでしょう。

ここで、支出した費用を将来の各事業年度に配分するためには、支出した時点で、いったん資産として貸借対照表に計上することが必要となります。ここで計上される資産が**繰延資産**です。

2 会社法と会計基準が定める5つの繰延資産

ところが、貸借対照表の資産の部に、資産として無価値なものを計上することを、会社法と会計基準は認めたがりません。

なぜなら、会社法と会計基準はできるだけ保守的な経理処理をして、分配可能額を少なく見積もり、株主への配当を制限して、会社債権者の利益を保護しようとするからです。

このため、会社法と会計基準は繰延資産を5種類に限定しています。この5種類以外は、繰延資産として貸借対照表に資産計上することは認められません。

FIGURE 32 会計基準が定める5つの繰延資産

会計基準上の繰延資産

1. 創立費 ……………… 5年以内　定額法により償却

2. 開業費 ……………… 5年以内　定額法により償却

3. 開発費 ……………… 5年以内　定額法により償却

4. 株式交付費 ………… 3年以内　定額法により償却

5. 社債発行費等 ……… 償還までの期間にわたり、利息法、または定額法により償却

5つはいずれも換金価値がない

貸借対照表に換金価値のないものを計上させたくない会計基準は、これら5つの繰延資産以外の計上を認めていない。

25 法人税法では繰延資産が幅広い

法人税法は、できるだけ損金の計上を遅くしようとする傾向があります。そこで、いろいろな費用を、繰延資産として計上させる取り扱いがあります。

1 税務上の繰延資産とは？

法人税法は、できるだけ損金の計上を遅くしようとする傾向があります。繰延資産についても、その考え方が貫かれています。将来の数年間にわたって効果が現れる支出であれば、各事業年度に配分して損金を計上するべきだということになります。

そのため、繰延資産の計上をできるだけ限定しようとする会社法とは考え方が正反対です。法人税法上の繰延資産は、会社法と会計基準のそれよりも範囲が広く定義されています。

2 法人税法が定める繰延資産

法人税法で定める繰延資産は、**会計基準上の繰延資産＋税法固有の繰延資産**となっています。その項目は次ページのとおりです。

会計基準上の繰延資産については、税務上も柔軟な償却が認められていますが、税法固有の繰延資産については、償却費の損金算入にも厳しい制限があります。

例えば、税務上固有の繰延資産としては、建物を借りる際の礼金が典型として挙げられます。

これについては、5年間（賃借期間が5年未満のときは、その賃借期間の年数）で償却しなければなりません。会社の任意で償却することは認められないのです。

33 法人税法が定める繰延資産

	項目	内容	償却
会計基準上の繰延資産	創立費	内容は、会社法と会計基準が定める繰延資産とほぼ同じ	償却限度額はなく、会社が損金経理した金額を損金算入できる。
	開業費		
	開発費		
	株式交付費		
	社債等発行費		
税務上の繰延資産	自己が便益を受ける公共的施設又は共同的施設の設置又は改良のために支出する費用	商店街の共同のアーケードの負担金など	支出の効果の及ぶ期間で均等償却する。
	資産を賃借し又は使用するために支出する権利金、立ち退き料その他の費用	建物を賃借する場合の礼金など	
	役務の提供を受けるために支出する権利金その他の費用	ノウハウの設定契約に際して支出する一時金・頭金など	
	製品等の広告宣伝の用に供する資産を贈与したことにより生ずる費用	特約店などに自社製品の広告のために贈与した看板など	
	上記以外に、自己が便益を受けるために支出する費用	出版権設定の対価、ゲレンデ整地費用など	

CHAPTER 3 損金について詳しく見てみましょう

法人税法で定める役員とは

法人税法では、役員に支給する報酬等について細かな規定が置かれています。これらの適用を考える際には、最初に対象となる役員の範囲を明らかにしておくことが必要です。

1 役員への報酬等が問題となる理由

　株式を上場しているような大企業は別として、ほとんどの会社では、オーナーが代表取締役社長などの役員になっているのではないでしょうか。この場合、役員への給与額を増減させることで、会社の利益を簡単に操作することができます。もし、これを税務上も認めると、会社の法人税額はいくらでも操作することが可能になります。

　そこで、法人税法では、このような利益操作を防ぐ目的で、役員に対する給与について、損金算入を制限する規定を設けています。

2 税務上の役員とは

　法人税法上の役員とは、「法人の取締役、執行役、会計参与、監査役、理事、監事及び清算人並びにこれら以外の者で法人の経営に従事している者」とされています。

　つまり、法律上の役員に加えて、形式上は従業員などであっても、法人の経営に従事している人は、法人税法上は役員として扱われるのです。具体的には、相談役や顧問といった人が挙げられます。

　他に、同族会社については、使用人でも株式の所有に関して一定の条件を満たす人は、役員とされることがあります。

34 同族会社の使用人が役員と見なされる要件

(イ) 株主グループを持株割合が最も大きいものから順番に並べて、判定の対象となる使用人が次に掲げる株主グループのいずれかに属していること。
　(1) 第1順位の株主グループの持株割合が50％を超える場合における当該株主グループ
　(2) 第1順位および第2順位の株主グループの持株割合を合計した場合にその持株割合がはじめて50％を超えるときにおけるこれらの株主グループ
　(3) 第1順位から第3順位までの株主グループの持株割合を合計した場合にその持株割合がはじめて50％を超えるときにおけるこれらの株主グループ

(ロ) 当該使用人の属する株主グループの持株割合が10％を超えていること。

(ハ) 当該使用人(その配偶者およびこれらの者の持株割合が50％を超える場合における他の会社を含む。)の持株割合が5％を超えていること。

会社の経営に従事している

オーナー社長の奥さんは、役員と見なされる可能性が高い。

役員給与の取り扱い

役員に対する給与は、給与と退職金の2つに大別されます。それぞれ損金算入には制限がありますので注意が必要です。

1 役員給与の損金算入は条件付き

役員の在任期間中にわたって支給される毎月の報酬やボーナスは、役員給与として税務上の損金算入が厳しく制限されています。原則として、次の3つのいずれかに該当する場合にのみ損金算入が認められます。

❶**定期同額給与**…1月以下の一定期間ごとに毎回同額が支給される給与
❷**事前届出給与**…税務署に事前に届出をし、所定の時期にあらかじめ定めた支給する賞与等
❸**利益連動給与**…業務執行役員に対する利益連動給与で、有価証券報告書に記載されるなど一定の要件を満たすもの

2 役員退職金の取り扱い

役員に対して支払われる退職金は、原則として損金算入が可能です。ただし、不相当に高額な役員退職金は、損金算入が認められません。

ここで、いくらまでが適正かという点について、税法では具体的な規定を設けていません。役員が業務に従事した期間、その退職の事情、同業他社で事業規模が類似する会社の役員退職金の支給状況等から判断するという抽象的な規定があるだけです。

35 役員へ支払われる給与

定期同額給与

毎月の報酬

不相当に高額な部分の金額は、損金不算入

事前届出給与 利益連動給与
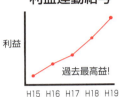
役員にボーナス

一定の要件を満たせば損金算入

役員退職金

退職時

不相当に高額な部分の金額は、損金不算入

36 役員退職金の計算例

役員退職金 ＝ 退職時の報酬月額×勤続年数×功績倍率

ほとんどの会社では、役員退職金規程を定めています。

上記算式中、退職時の報酬月額と勤続年数は明らかです。問題は、功績倍率をいくらにすればよいのかという点です。

功績倍率の設定についても、同規模の同業他社と比較して平均的な倍率を設定することが望ましいとされていますが、代表取締役の場合で3倍程度、平取締役の場合で2倍程度までの水準に設定している会社が多いようです。

28 不相当に高額な役員給与の取り扱い

前ページの条件を満たす役員給与であっても、不相当に高額な部分の金額は損金算入できません。

1 役員賞与の取り扱い

役員に対して定期的に支払われる給与は、前ページの条件を満たせば原則として損金算入が可能です。ただし、不相当に高額な部分の金額は損金算入が認められません。

「不相当に高額」であるかどうかについては、形式基準と実質基準の2つで判断します。

2 形式基準

役員給与の金額は、株主総会等の決議（または定款の規定）により定めている報酬限度額以内となっていなければなりません。これが形式基準です。もし、株主総会で決議された金額を超える役員給与を支払っていた場合、損金算入されません。

3 実質基準

役員給与の金額は、役員の職務の内容、会社の収益、従業員に対する給料の支給状況、同業他社の役員給与の支給状況などの条件に照らし、役員給与として相当であると認められる金額以内となっていなければなりません。

この実質基準は、税法上の定めが抽象的であるため判断に迷います。オーナー社長の家族が役員になっているケースでは、この実質基準が問題となることが少なくありません。

FIGURE 37 実質基準と形式基準

実質基準

- 役員の職務の内容
- 会社の収益
- 使用人に対する給料の支給状況
- 事業規模が類似する同業他社の役員報酬の支給状況

上記の条件に照らし、役員給与として相当であると認められる金額以内となっていること

形式基準

- 株主総会等の決議(または定款の規定)により定めている報酬限度額以内となっていること

役員への経済的利益

うっかり役員への給与を支給してしまうと、法人税と所得税の二重課税の問題が生じます。ところで、役員給与を支給したつもりがなくても、役員給与と見なされるケースがありますので注意が必要です。

1 役員への給与を支給したとみなされるケース

役員への給与として支給した認識が会社にない場合でも、税務上は、それらの支給があったと判断されることがあります。

例えば、次ページの表のようなケースでは、会社が役員に対して現金を支給していなくても、経済的利益を供与したものとして取り扱われます。

2 二重課税に注意！

この経済的利益が、定期同額給与に該当するのであれば、損金算入されることとなります。ところが、臨時的に供与されたものですと、原則として、損金算入されません。

会社が所有する不動産や有価証券を、時価よりも安い金額で役員に譲渡するようなことがあると、会社は時価と譲渡価額との差額について課税されますし、役員は個人で所得税等を支払わなくてはなりません。このような二重課税は税負担が著しく重いため、できるだけ避けなければなりません。現金を支給していないからといって、安心はできません。

役員との取引にあたっては、二重課税の問題が生じないように、配慮が必要です。

38 役員への給与とみなされる経済的利益の例示

1. 役員等に対して資産を贈与した場合
2. 役員等に対して所有資産を低い価額で譲渡した場合
3. 役員等から高い価額で資産を買い入れた場合
4. 役員等に対して有する債権を放棄し、または免除した場合
5. 役員等から債務を無償で引き受けた場合
6. 役員等に対して土地、家屋を無償または低い価額で提供した場合
7. 役員等に対して金銭を低い利率で貸し付けた場合
8. 役員等に対して接待費等の名目で支給したもののうち、その法人の業務のために使用したことが明らかでないもの
9. 役員等のために個人的費用を負担した場合におけるその費用の額に相当する金額
10. ロータリークラブ等の入会金、経常会費等の費用で、役員等の負担すべきものを法人が負担した場合
11. 法人が役員等を被保険者および保険金受取人とする生命保険契約を締結してその保険料の額の全部または一部を負担した場合

二重課税に注意!

交際費は損金不算入が原則です

顧客との飲食などは、営業活動を行う上で欠かすことができません。しかし、会社の交際費の支出を無制限に認めたのでは、接待による節税がいくらでも可能になってしまいます。そこで、税法上は、交際費の損金算入が制限されています。

1 資本金100億円超の会社の交際費は損金不算入です

資本金100億円超の会社は、支出した交際費の金額すべてが損金不算入とされています。資本金100億円以下の会社については、交際費のうち、接待飲食費の額の50％相当額だけが損金算入されることとされています。

会社の決算書上では、当然のことながら交際費は費用となりますので、会社が交際費を支出すると、会社の利益に対して過大な法人税の負担が発生することになります。会社は、交際費の支出に慎重にならざるを得ません。

2 資本金1億円以下の会社なら年間800万円まで認められます

資本金1億円以下の中小法人は、年間800万円までの交際費の支出について損金算入が認められており、上記❶の取扱いといずれかを選択して適用できます。

3 大法人の100％子会社に対する適用

資本金5億円以上の法人の100％子法人については、資本金1億円超の会社と同じ扱いがされます。

FIGURE 39 交際費の損金算入限度額

❶ 資本金100億円超の法人は、交際費等の額は損金算入されない。

❷ 資本金100億円以下で中小法人以外の法人は、交際費等の額のうち、接待飲食費の額の50%に相当する金額は損金の額に算入。

❸ 中小法人は、上記❷の接待飲食費の額の50%相当額の損金算入と、年間800万円までの損金算入のいずれかを選択適用できる。

（接待飲食費の額の50%相当額の損金算入と定額控除限度額までの損金算入との比較）

（1）接待飲食費の額が年1,600万円を超える場合（損金算入額：Ⓐ＞Ⓑ）

（2）接待飲食費の額が年1,600万円以下の場合（損金算入額：Ⓐ≦Ⓑ）

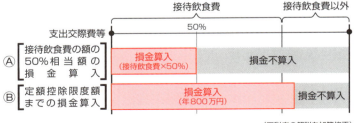

（国税庁の解説を加筆修正）

交際費となる支出はどんなもの？

会社が支出する交際費について、損金算入が制限されていることはわかりました。それでは、どのような支出が交際費となるのでしょう。ここでは、税務上の交際費の定義を見てみましょう。

1 交際費の定義

「**交際費**等とは、交際費、接待費、機密費その他の費用で、法人が、その得意先、仕入先その他事業に関係のある者等に対する接待、供応、慰安、贈答その他これらに類する行為のために支出するものをいう」と税法では定められています。

ただし、従業員の慰安のために行われる運動会、演芸会、旅行などのために通常要する費用などは、交際費から除かれます。

具体的には、得意先との飲食費やゴルフ料金、お中元やお歳暮、香典やお祝い金などが交際費となるわけです。

2 経理上の勘定科目には関係がありません

注意しておきたい点があります。それは、税務上の交際費に該当するか否かを判断する際には、経理上の勘定科目名は関係がないという点です。

上記で述べた条件に合致する支出であれば、経理処理上、例えば、福利厚生費や広告宣伝費、雑費などの勘定科目を用いて計上したとしても、税務上は交際費として扱うことになります。例えば、接待の送り迎えに利用したタクシーの乗車料を、旅費交通費の勘定科目で処理しても、税務上は交際費として取り扱われるため、損金算入が制限されます。

OnePoint 交際費にならない飲食費

1人あたり5,000円以下の飲食費については、一定の書類を保存することで、交際費に該当しないこととされています。

税務上、交際費とされる支出の例

(1) 会社の何周年記念または社屋新築記念における宴会費、交通費および記念品代、並びに新船建造、または土木建築等における進水式、起工式、落成式等におけるこれらの費用。

(2) 下請工場、特約店、代理店等となるため、またはするための運動費等の費用。

(3) 得意先、仕入先等社外の者の慶弔、禍福に際し支出する金品等の費用。

(4) 得意先、仕入先、その他事業に関係のある者等を旅行、観劇等に招待する費用。

交際費とまぎらわしい支出

会社が経費として支出する費用項目の中には、交際費とまぎらわしいものが少なくありません。特に寄附金、売上割戻し、広告宣伝費、福利厚生費、会議費など、交際費に該当するか否かを判定するのが難しいケースがあります。

1 寄附金と交際費

金銭でした贈与は、原則として**寄附金**とするものとされています。

社会事業団体、政治団体に対する拠金や神社の祭礼などの寄贈金は、交際費等に含まれないものとされています。

寄附金にも、損金算入できる限度額が定められています（寄附金の損金算入限度額については3-36節参照）。交際費にはならなくても、損金算入されないのであれば、結果は同じです。会社の税負担が過大にならないように注意しましょう。

2 売上割戻しと交際費

売上割戻しとは、いわゆる**リベート**のことです。

得意先である事業者に対し、売上高、もしくは売掛金の回収高に比例して、または、売上高の一定額ごとに金銭で支出する売上割戻しの費用や、得意先の営業地域の特殊事情、協力度合いなどを勘案して金銭で支出する費用は、交際費等に該当しないものとされています。

一方、旅行、観劇などへの招待が、売上割戻し等と同様の基準で行われるものであっても、その物品の交付のために要する費用、または旅行、観劇などに招待するために要する費用は、交際費等に該当するものとされています。

FIGURE 41　交際費とまぎらわしい支出いろいろ

寄附金と交際費

寄附金にも損金算入限度額があるので要注意です。

売上割戻しと交際費

売上割戻しを税務上の交際費に該当させないためには、金銭で支出することが必要条件となります。

広告宣伝費と交際費

不特定多数の者に対する宣伝的効果を意図する支出は、広告宣伝費として扱われ、税務上の交際費に含まれないものとされています。

福利厚生費と交際費

従業員におおむね一律に社内において供与される通常の飲食に要する費用や、従業員やその親族等の慶弔、禍福に際し一定の基準に従って支給される金品に要する費用は、福利厚生費として、損金算入が認められます。福利厚生費として取り扱われる支出のポイントは、すべての従業員に対して一律に支給されるという点です。

会議費と交際費

会議、来客との商談や打ち合わせ等に際して、社内または通常会議を行う場所において、通常供与される昼食の程度を超えない飲食物等の接待に要する費用は、会議費として取り扱われ、損金算入が認められます。

使途秘匿金に課せられる法人税

公共工事受注の便宜を図ってもらうためのワイロや、談合のための裏金のように、支出の相手方を明らかにできない金品の贈与などについて、法人税は一定のペナルティを課しています。

1 使途秘匿金とは

会社がした支出のうち、相当の理由がないのに、相手方の氏名、名称、住所、所在地、支出した事由を、会社の帳簿書類に記載していないものを、**使途秘匿金**といいます。

具体的には、公共工事受注の便宜を図ってもらうためのワイロや談合のための裏金等が、使途秘匿金に該当します。

これらの支出は、受け取った人の氏名が公になっては困りますので、支払った会社は相手方を決して明らかにはしないものです。

税法では、このような、社会通念上望ましくないと考えられる支出を排除する目的で、使途秘匿金についての課税を強化しています。また、受け取った側で課税されないことも、使途秘匿金にペナルティを課す理由の1つです。

2 使途秘匿金に対する追加課税

使途秘匿金については、損金算入が認められません。

しかも、当該使途秘匿金の支出額に40%を乗じた額の法人税が追加課税されます。**追加課税**とは、所得金額に関係なく、法人税を別途計算して、通常の納税額に上積みするものです。赤字の会社であっても、法人税を納める必要に迫られます。

OnePoint 使途秘匿金にならない支出

資産の譲り受けその他の、取引の対価の支払いとしてされたものであることが明らかな支出は、使途秘匿金に含まれません。また、相手方の氏名等の記載をしていないことが相手方の氏名等を秘匿するためでないと認めるときは、その支出を使途秘匿金に含めないことができるとされています。

FIGURE 42 使途秘匿金への追加課税

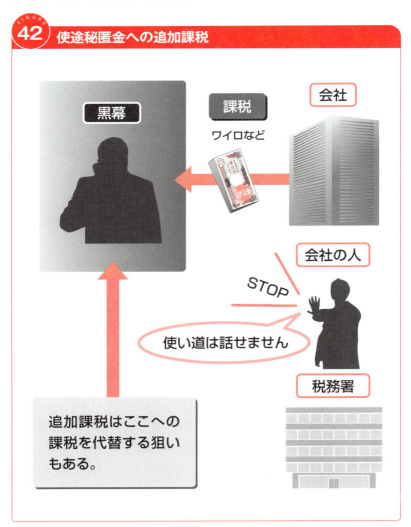

寄附金も損金算入に制限があります

会社が募金などで金銭などを贈与することがありますが、これについても税法上、損金算入に一定の制限を定めています。なぜなら、会社が寄附をすることを無制限に認めると、会社の課税所得を自由に圧縮することが可能になり、結果的に国の税収が落ち込むからです。

1 税務上の寄附金とは

　法人税法上、**寄附金**とは、寄附金、拠出金、見舞金、その他どのような名目であるかを問わず、会社が金銭その他の資産、または経済的な利益の贈与、または無償の供与をすることであると定められています。

　ただし、広告宣伝費、見本品費、接待交際費や福利厚生費に該当するものは含まれません。

　ここで、注意しなくてはならないのは、一般に考える寄附よりも、法人税法上の寄附金は非常に範囲が広いものだということです。

　募金するようなケース以外に、誰かに物品をタダであげた場合や、時価よりも安い価格で譲った場合に、本来受け取っていた代金との差額を寄附金と認定するのです。

　他に、会社が誰かにお金を貸し付けていた場合、利息を受け取らなければ、原則として利息相当額が寄附金と認定されますし、貸し付けている金銭債権を免除してあげた場合にも、免除した金銭債権の額だけ寄附金があったものとされてしまいます。

　このように、会社が利益を追求しない行動をとると、税務上は寄附金の課税関係が生じてしまうのです。

43 寄附金となるケースいろいろ

赤十字に寄付する

モノをタダであげる

モノを安く売ってあげる
（低廉譲渡）

無利息での
資金の貸し付け

債権を放棄する

寄附金は4つに分類されます

法人税法上、寄附金は4種類に分類されます。これは、寄附金の内容によって、損金算入できる金額に違いがあるためです。

1 寄附金の4つの分類

法人税法上、寄附金は次の4種類に分類されます。

●4種類の寄附金

> ❶国または地方公共団体に対する寄附金
> ❷財務大臣が指定した寄附金
> ❸特定公益増進法人に対する寄附金
> ❹一般の寄附金

通常、会社にとって法人税が気になる寄附金は、❹一般の寄附金です。例えば、神社のお祭りに際しての寄進など、一般にほとんどの寄附金はこれに該当します。

また、無利息貸付や債権放棄、さらに資産の低廉譲渡など、事業者間の取引で発生する寄附金も、ほとんどがこの一般の寄附金に該当することになります。

この❹一般の寄附金は、3-34節に示したように、損金算入がかなり厳しく制限されています。

一方、❶～❸の寄附金については、寄附を募集する際に「国に対する寄附金ですよ」、「財務大臣が指定した寄附金ですよ」ということが明らかにされています。

これは、❶～❸の寄附金については損金算入されやすいためです。

FIGURE 44 寄附金の4分類

❶国または地方公共団体に対する寄附金

　国または地方公共団体に対する寄附金は、直接、国や都道府県、市区町村に対して寄付するものです。

❷財務大臣が指定した寄附金

　財務大臣が指定した寄附金は、公益を目的とする事業を行う法人、団体に対する寄附金のうち、財務大臣が指定したものです。
　例えば、赤い羽根の共同募金などが、これに指定されています。

❸特定公益増進法人に対する寄附金

　特定公益増進法人に対する寄附金は、公共法人、公益法人等のうち、教育または科学の振興、文化の向上、社会福祉への貢献その他公益の増進に著しく寄与するものとして定められている法人に対する寄附金で、その法人の主たる目的である業務に関連する寄附金のことをいいます。具体的には、日本私立学校振興・共済事業団や日本赤十字社などに対する寄附金が、これに該当します。

❹一般の寄附金

　一般の寄附金は、上記❶から❸以外の寄附金です。ほとんどの寄附金が、この一般の寄附金に該当することになります。

36 寄附金の損金算入限度額

寄附金の損金算入限度額の計算を、具体的な計算式で検証してみましょう。実際に計算してみると、非常に小さな金額までしか損金算入できないことがわかります。

1 全額損金算入が認められる寄附金

　会社が支出した寄附金のうち、前ページの❶国または地方公共団体に対する寄附金と、❷財務大臣が指定した寄附金については、全額損金算入が認められます。

2 一般の寄附金の損金算入限度額

　❹一般の寄附金の損金算入限度額は、右ページの算式で求められます。

　近くの神社のお祭りに寄附する程度の金額は損金算入されますが、関係会社に対して債権放棄する場合のように、少し金額が大きな取引であれば、寄附金の額はほとんど損金算入されません。

　ですから、関係会社や取引先に対して債権放棄したり、時価を下回る価格で資産を譲渡したり、無利息で資金を貸し付けるなど、経済的利益を相手に与える取引については、法人税などの負担にまで注意をすることが必要です。

3 特定公益増進法人に対する寄附金

　❸特定公益増進法人に対する寄附金については、❹一般の寄附金とは別枠で、次ページの算式で求めた金額まで損金算入できます。

OnePoint 未払の寄附金は損金算入できない

寄附金を損金算入するには、実際に支出していなくてはなりません。他の、一般的な費用は、未払計上することで損金算入されますが、寄附金については、未払計上しても損金算入が認められないのです。決算日前後の寄附については、この点に留意しましょう。

FIGURE 45 一般の寄附金の損金算入限度額

損金算入限度額 ＝(資本基準額 ＋ 所得基準額)×1/4

資本基準額＝資本金の額及び資本準備金の額の合計額×
　　　　　　当該事業年度の月数/12×2.5/1,000

所得基準額＝当該事業年度の所得の金額×2.5/100

　資本金の額及び資本準備金の額の合計額の1,000分の2.5といいますと、資本金1,000万円の小規模な株式会社の場合で、2万5,000円にしかなりません。また、所得の金額の100分の2.5といいますと、1,000万円に対して25万円です。

FIGURE 46 特定公益増進法人に対する寄附金の損金算入限度額

損金算入限度額 ＝(資本基準額 ＋ 所得基準額)×1/2

資本基準額＝資本金の額及び資本準備金の額の合計額×
　　　　　　当該事業年度の月数/12×3.75/1,000

所得基準額＝当該事業年度の所得の金額×6.25/100

37 損金算入される税金とされない税金

事業を営んでいると、法人税や法人住民税の他にも、印紙税、固定資産税、事業所税など、たくさんの税金を納めなければなりません。これらの税金は、損金算入できるものとできないものとに分かれます。

1 法人税、法人住民税は損金不算入

法人税や法人住民税は損金に算入されません。

これらは、いずれも会社の所得に対して課される税金です。所得に対して課される税金は、原則として損金算入できません。税額計算のルールがそうなっているのです。ただし、事業税については、所得にかかる税金ですが、損金算入されます。

2 ペナルティとしての過少申告加算税や罰金も損金不算入

会社が税務調査で過少申告の指摘を受けることがあります。この場合、本来納付すべき法人税に加えて、ペナルティとしての過少申告加算税や延滞税が課されます。これらについては、損金算入が認められません。

また、罰金、科料、過料を会社が支払った場合、これらも損金算入されません。

その理由は、社会的なペナルティとして課されるものについて損金算入して税負担を軽減することが、罰金等の本来の目的に反するからです。ペナルティに節税効果があるのでは、罰としての効果が半減してしまいます。

OnePoint 会社が負担する交通反則金

従業員が仕事中に犯した交通違反により、交通反則金を支払うことがありますが、会社がこれを負担しても、損金には算入できません。

47 損金算入される税金とされない税金

損金算入される税金

固定資産税、都市計画税、不動産取得税、登録免許税、印紙税、自動車取得税、軽自動車税、自動車税、重量税、軽油引取税、事業所税、事業税、消費税（税込経理処理を採用している場合）、利子税、延滞金（納期限延長によるもの）
法人税額から控除されない所得税

損金算入されない税金

法人税（退職年金等積立金に対する法人税を除く）、延滞税、過少申告加算税、無申告加算税、不納付加算税、重加算税、過怠税
法人住民税、延滞金（納期限延長によるものを除く）、過少申告加算金、不申告加算金、重加算金
法人税額から控除される所得税
罰金、科料、過料、交通反則金

罰金は損金算入できません。

38 貸倒損失が損金算入されるタイミングは？

売掛金や貸付金などの金銭債権について、回収できないと見込まれるものについては、貸倒処理を行います。貸倒損失については、損金算入するタイミングが問題になります。

1 貸倒損失の計上

得意先が倒産してしまった場合に、会社としては売掛金を回収できないものとして、損失を計上することになります。これが**貸倒損失**です。

ただし、税務上は、会社の考える回収見込みを無条件で認めてもらえるわけではありません。税法は、公平であることが求められますので、客観的な基準を設けて、それに合致するものだけ、損金算入することを認めています。

2 3つのSTEP

税務上、貸倒損失が認められる金額は、次ページの3つのステップで判定されます。

STEP1では、法的整理や、書面による債務免除による場合の貸倒損失計上です。この貸倒損失については、計上金額を迷うこともありませんし、後日税務調査で問題になることもありません。

STEP2は、経済実態として金銭債権が回収できないケースの取り扱いです。税務調査で否認される可能性があるため、実務ではこの判定によって貸倒損失を計上するケースはあまりありません。

STEP3は、売掛債権についてのみ適用される取り扱いです。貸付金などには適用がありません。

48 3つのSTEPで貸倒損失の計上を判定します

STEP1　法律上の貸し倒れ

①会社更生法、民事再生法、特別清算等によって、切り捨てられることとなった部分の金額
②関係者の協議決定によって、切り捨てられることとなった一定の金額
③その金銭債権の弁済を受けることができないと認められる場合において、その債務者に対し書面により明らかにされた債務免除額

STEP2　明らかに回収できない債権の貸し倒れ

債務者の資産状況、支払能力などから見て、その全額が回収できないことが明らかになった場合には、その明らかになった事業年度において貸倒損失を計上することができます。

STEP3　一定期間取引停止後弁済がない場合等の貸し倒れ

売掛債権について、
①債務者との取引を停止した時から1年以上経過した場合
②債権額が取り立てのための旅費その他の費用に満たない場合で、債務者に対し支払いを督促したにもかかわらず弁済がない場合

※STEP3の場合、備忘価額を控除した残額を貸し倒れとします。

貸倒引当金とは

翌期以降に発生すると見込まれる貸し倒れについて、会計上は貸倒引当金を計上し、金銭債権の評価減を行います。貸倒引当金を設定した場合に生じる費用項目である貸倒引当金繰入額は、一定の要件を満たせば、損金算入が認められます。

1 回収できないと見込まれる金銭債権はありませんか？

売掛金や貸付金などの金銭債権について、明らかに回収できない場合には、前ページのように貸倒損失を計上します。

ところで、貸倒損失を計上するほどではない状態の金銭債権もあるでしょう。回収できない可能性が高いけれど、まだ貸し倒れると決まったわけではない状態の金銭債権です。

また、決算の時点では倒産するとは予測できない債務者でも、急に倒産することがあります。健全な金銭債権についても、一定の確率で貸し倒れが発生します。

このような将来の貸し倒れに備えて、会計上は**貸倒引当金**を設定します。

2 金銭債権をマイナス評価する貸倒引当金

翌期以降に発生すると見込まれる貸し倒れについて、会計上は貸倒引当金を計上します。具体的には、金銭債権の評価減を行い、同時に貸し倒れによって生じる費用もあらかじめ計上しておきます。

このような、貸倒引当金を設定した場合に生じる費用項目である**貸倒引当金繰入額**は、中小法人等や銀行などに限定して一定の要件を満たした場合に、損金算入が認められます。

49 貸倒損失と貸倒引当金

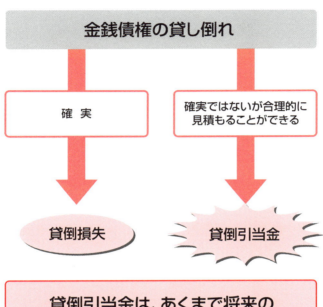

貸倒引当金は、あくまで将来の貸し倒れを見積もるもの。

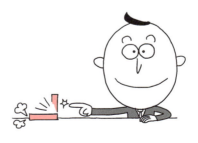

個別評価する金銭債権の貸倒引当金

貸倒引当金の設定にあたっては、金銭債権を「個別評価する金銭債権」と「一括評価する金銭債権」とに区分します。ここでは、個別評価する金銭債権の貸倒引当金について見てみましょう。

1 不良債権と健全債権

　税務上の貸倒引当金の取り扱いは、金銭債権を**個別評価する金銭債権**と**一括評価する金銭債権**とに区分することから始めます。

　個別評価する金銭債権とは、いわゆる**不良債権**のことだと考えるといいでしょう。次ページの表にある状況の金銭債権です。

2 破産や民事再生の申し立てで50％を引き当てます

　個別評価する金銭債権の貸倒引当金については、次ページの表の区分に応じて、債務者ごとに貸倒引当金を計上します。

　実務上、頻繁に目にするのは、表中3段目の取り扱いです。債務者が、民事再生手続開始の申し立てを行った場合や、手形交換所による取引停止処分を受けた場合に、売掛金などの金銭債権残高の50％の貸倒引当金を設定するものです。

　一方、表中2段目の取り扱いは、実務上、その適用に慎重な会社が多いようです。なぜなら、「債務者が営む事業に好転の見通しがないことなどにより、金銭債権の一部の金額について取り立ての見込がないと認められる」かどうかという事実認定について、税務当局との見解の相違が生じる可能性があるからです。

　税務調査で否認されることが少なくありません。

FIGURE 50 個別評価する金銭債権の貸倒引当金の計上額

金銭債権の状況	貸倒引当金を計上する金額
債務者の次の理由により、弁済が猶予されている債権 ・会社更生法による更生計画認可の決定 ・民事再生法による再生計画認可の決定 ・特別清算に係る協定の認可の決定 ・上記に準じるもの	決算から6年目以降に弁済が予定されている金額
債務者の債務超過の状態が相当期間継続し、かつ、その営む事業に好転の見通しがないことなどにより、金銭債権の一部の金額について取り立ての見込みがないと認められる債権	取り立て見込みがないと認められる金額
債務者に次の事由が生じている債権 ・会社更生手続開始の申し立て ・民事再生手続開始の申し立て ・破産手続開始の申し立て ・特別清算開始の申し立て ・手形交換所による取引停止処分	金銭債権のうち、担保でカバーされない部分の50%
外国の政府等に対する金銭債権につき、債務の履行遅滞によりその経済的な価値が著しく減少し、かつ、その弁済を受けることが著しく困難であると認められる事由が生じている場合	金銭債権のうち、担保でカバーされない部分の50%

CHAPTER 3 損金について詳しく見てみましょう

一括評価する金銭債権の貸倒引当金

不良債権ではない健全な債権についても、一定の率の貸倒引当金を設定します。ここでは、一括評価する金銭債権の貸倒引当金設定について見てみましょう。

1 健全な金銭債権にも貸倒引当金を設定します

一括評価する金銭債権とは、不良債権以外の金銭債権と考えるといいでしょう。

順調に回収できそうな金銭債権にまで、貸倒引当金を設定することには違和感があるかもしれません。しかし、現実には貸し倒れの兆候がない売掛金についても、翌期に一定割合で貸し倒れが発生するため、これに備えて貸倒引当金を計上しておくのです。

2 貸倒実績率を用いて貸倒引当金の額を計算します

一括評価金銭債権については、貸倒実績率を用いて、貸倒引当金の額を計算します。原則として、**貸倒実績率**は過去3年間の貸し倒れの実績から算定します。算式は次ページのとおりです。

金銭債権の期末残高と、1年間の貸倒損失の発生額との比率を直近の3年間について計算して、これを貸倒実績率とします。その上で、一括評価金銭債権の期末残高に貸倒実績率を乗じて、貸倒引当金の損金算入限度額を計算するのです。

毎期末の金銭債権が貸し倒れるのは、翌事業年度中ということになりますから、分母には、4年前から2年前までの3年間の一括評価金銭債権の平均残高を用いる方が、理論的には正しいはずです。しかし、税法ではそこまで厳密な取り扱いにはなっていません。

51 一括評価金銭債権についての貸倒引当金の計算

一括評価金銭債権に係る貸倒引当金

貸倒引当金 ＝ 一括評価金銭債権の期末残高 × $\dfrac{\text{過去3年間の平均貸倒損失}}{\text{過去3年間の一括評価金銭債権の平均残高}}$

↑ 貸倒実績率

中小企業者等の法定繰入率
中小企業者等については、上記の貸倒実績率に代えて、業種ごとに定められている法定繰入率を用いて貸倒引当金の計上額を計算することが認められています。

中小企業者等の法定繰入率

業種	法定繰入率
卸売業および小売業 （飲食店および料理店業を含む）	10/1000
製造業	8/1000
金融および保険業	3/1000
割賦販売小売業等	7/1000
その他の事業	6/1000

(注)各債務者に対する買掛金や借入金などがある場合には、それらは実質的に債権と見られないものとして、その債権と見られない部分の金額を差し引いて、金銭債権の残高を計算する。

その他の引当金

先に見た貸倒引当金以外にも、会計上は様々な引当金が計上されます。ここでは、返品調整引当金、退職給付（与）引当金、賞与引当金について見てみましょう。

1 会計と税務で大きく異なる引当金の取り扱い

公認会計士が会計理論に従って作成する決算書には、何種類もの引当金が設定されています。これは、将来の費用、損失を早いうちに決算書に取り込もうとする考えが会計理論の根底にあるためです。しかし、法人税の計算にあたっては、そのような保守的な考えは認められません。できるだけ費用（損金）の計上は先送りしようとするのが税法の基本的なスタンスです。

2 返品調整引当金

返品調整引当金については、次ページのように損金算入できることとされてきましたが、今後廃止されることが決まっています。

3 退職給与引当金

従業員への退職金や年金の支払いに備えて、会計上は**退職給付引当金**を設定しますが、法人税法では損金算入が認められません。

4 賞与引当金

賞与引当金についても損金算入できません。一定の未払賞与が損金算入されるだけです。

52 返品調整引当金

出版業など特定の業種では、販売した商品について、販売時の価額で買い戻す特約を結ぶことが慣行となっています。このような特約に基づいて、いったん販売した商品を買い戻すことによる損失の見込額として、**返品調整引当金**が設定されます。

返品調整引当金の繰入限度額は、以下のいずれかの算式で求めます。

返品調整引当金の繰入限度額

◎売掛金残高から計算する方法

　　繰入限度額 ＝ 期末売掛金残高 × 返品率 × 売買利益率

◎販売額から計算する方法

　　繰入限度額 ＝ 決算日までの２ヶ月間の販売額 × 返品率 × 売買利益率

(注１)返品率は、当期と前期における、売上高に対する買い戻し実績率の平均

(注２)売買利益率＝(売上高－売上原価－販売手数料)÷売上高

新しい「収益認識に関する会計基準」に対応して、今後廃止されることが決まりました。

短期前払費用の取り扱い

前払費用のうち、支払った日から1年以内に役務提供を受けるものについては、短期前払費用として損金に計上する時期の特例があります。

1 前払費用は時の経過に応じて損金とするのが原則

支払家賃や支払保険料など、会社が支払う経費の中には、一定期間ぶんの役務提供にかかる経費を前払いするものがあります。

この前払いを**前払費用**といいます。前払費用については、その役務を受ける期間に対応して損金に計上することが原則です。

2 短期前払費用だけに認められる取り扱い

前払費用の中でも、支払った日から1年以内に役務提供を受けるもの（**短期前払費用**）については、特別な取り扱いが定められています。短期前払費用については、支払った日の属する事業年度の損金に算入することができるのです。

3 たんなる経費の前払いは損金算入できません

注意すべき点は、経費の前払いがすべて、支払った日の属する事業年度の損金に算入できるわけではないという点です。

例えば、テレビコマーシャルの対価を半年ぶんまとめて前払いした場合には、短期前払費用の取り扱いは適用されません。なぜなら、テレビコマーシャルの対価の前払いは、たんに代金を先に支払っただけで、時の経過に伴い費用が発生する役務提供にかかる前払費用とは、異なる支出であるためです。

FIGURE 53 短期前払費用の例

- ・家賃の前払い（1年以内）
- ・地代の前払い（1年以内）
- ・火災保険料の前払い（1年以内）
- ・支払利息の前払い（1年以内）

　　　　　　　　　　　　　　　など

支払った日の属する事業年度の損金に算入できる。

- ・テレビコマーシャルの対価を前払い
- ・翌期の外注費を前払い
- ・翌期の仕入代金を前払い

短期前払費用ではないので、例え1年以内に費用化するものでも、支払った日の属する事業年度の損金には算入できない。

有価証券の取り扱い

余裕資金を株や社債などで運用している会社も少なくありません。これら有価証券の法人税法上の取り扱いを見てみましょう。

1 法人税法における有価証券とは

　最初に、法人税法が対象としている**有価証券**がどのようなものなのかを見てみましょう。

　法人税法上の有価証券には、次ページのものが該当します。

　有価証券といえば、株券や社債券をまっさきに思い浮かべます。これら金融商品取引法に定められた有価証券は、税法上も有価証券として取り扱われます。

　それに加えて、税法では、合名会社の出資持分なども有価証券として取り扱われます。会社を所有する権利としての経済実態は、株式も出資持分も同じだからです。経済実態が同様であれば、課税関係も同じにしようというのが、法人税法の考え方です。

　ちなみに金融商品取引法は、合同会社の出資持分などを必ずしも有価証券として規制の対象にしていません。これは、証券取引法が市場に流通する証券について、投資家を保護するルールを定めた法律だからです。有限会社の出資持分は、多数の投資家に売買されるものではありませんから、金融商品取引法で投資家保護を図る必要がないのです。

　同様に、商法上は有価証券とされる小切手や手形も、法人税法上の有価証券ではありません。

FIGURE 54 法人税法上の有価証券

国債証券
地方債証券
社債券
日本銀行等の発行する出資証券
株券
証券投資信託、貸付信託の受益証券

} 金融商品取引法で定められている有価証券

合同会社、合名会社、合資会社の社員持分
協同組合等の組合員の持分

} 金融商品取引法の規定にかかわらず税法上の有価証券として扱われるもの

手形、小切手、船荷証券

商法上は有価証券だが、税法上は有価証券の範囲外

有価証券の取得価額と譲渡原価

有価証券の売買から発生する利益を計算するためには、有価証券の取得価額と譲渡原価を算定する必要があります。

1 有価証券の取得価額

会社が購入した有価証券の取得価額は、購入対価、払込金額に付随費用を加えた金額となります。

購入対価だけを取得価額としてしまいがちですが、付随費用を含めなければならないことに注意しましょう。付随費用を販売費および一般管理費として、支出した事業年度の経費（損金）として処理することは、原則として認められません。

有価証券を取得する際に要する付随費用としては、証券会社に支払う売買手数料などがあります。

なお、有価証券を取得するために要した通信費や名義書換料については、取得価額に含めないことができるとされています。

2 有価証券の譲渡原価

有価証券を期中に譲渡した場合には、譲渡対価に対応する取得原価を計算しなくてはなりません。この譲渡原価の計算については、**移動平均法**と**総平均法**の2つの中から選択することができます。

移動平均法と総平均法については、棚卸資産の評価方法と同じです。棚卸資産と異なり、有価証券については個別法や先入先出法を適用することが認められません。

OnePoint　帳簿価額の算出方法の届出

移動平均法と総平均法のいずれを選択するかは、会社が有価証券の区分ごと、種類ごとに選ぶことができます。選択にあたっては、「有価証券の一単位当たりの帳簿価額の算出方法の届出書」を税務署に提出します。「有価証券の一単位当たりの帳簿価額の算出方法の届出書」を提出しない場合は、移動平均法を選択したものとされます。

有価証券の取得価額

有価証券の取得価額＝購入対価、払込金額＋付随費用

付随費用を含めることに注意!

有価証券の譲渡原価

移動平均法

取得のたびに、それまでに所有していた有価証券と新しく取得した有価証券を合算して、平均単価を計算する方法

総平均法

一定期間（1年間など）に取得したすべての有価証券の取得単価の平均額を計算する方法

~~個別法~~　~~先入先出法~~　~~後入先出法~~

46 有価証券の期末評価

決算日に保有している有価証券の評価について見てみましょう。棚卸資産などと比較して有価証券の評価は複雑です。

1 有価証券の期末評価

　法人税法では、基本的に資産を売却した時点で売却損益を認識することとされています。資産の評価損益は益金、損金に算入しないことが原則です。ところが、有価証券については、期末時点で時価評価することが求められるケースがあります。

2 法人税法における有価証券の分類

　法人税法においては、有価証券は大きく**売買目的有価証券**と**売買目的外有価証券**の2種類に分類されます。

　売買目的外有価証券はさらに、**満期保有目的等有価証券**と**その他有価証券**とに分類されます。

　このうち、売買目的有価証券については、決算時点の時価で評価し、その評価損益については損金、または益金の額に算入されます。

　それ以外のものについては、取得原価で評価するのが原則ですが、償還期限および償還金額の定めのある有価証券は償却原価法により評価します。

　会計上の取り扱いと税務上の取り扱いで調整が必要となるケースとしては、その他有価証券について、**部分純資産直入法**（有価証券の含み損だけ損益計算書に計上する評価方法）で経理処理している場合が問題となります。この場合には、値下がりしているその他有価証券の評価損を、税務上は損金算入できません。

OnePoint 売買目的有価証券

売買目的有価証券に分類される有価証券としては、金融機関がトレーディング業務で取得する有価証券が想定されています。有価証券の短期売買に専門的に従事する担当者がいるなど、通常の会社では、所有する有価証券が売買目的有価証券に該当することは少ないでしょう。

有価証券の分類

有価証券の分類		内容	期末評価
売買目的有価証券		短期売買目的で行う取引に専ら従事する者が、短期売買目的でその取得の取引を行った有価証券等	時価
売買目的外有価証券	償還有価証券	償還期限の定めのある有価証券、および償還金額	取得原価または償却原価
	その他有価証券	上記以外の有価証券	

多くは売買目的外有価証券に分類されます。

Column
税務調査の結果は交渉次第？

　税務調査で指摘を受ける事項は、大きく2種類に分けることができます。

　1つは、明らかな申告漏れです。売上の除外や経費の水増しなどがその典型で、多くは調査に入る前から情報をつかんでいます。調査官が事前に調べていて、おかしいと感じているわけですから、調査されれば、ほとんどの場合言い逃れできません。

　もう1つは、税務署の言いがかりのような指摘事項です。税法の規定からは、白黒はっきりしない項目について、あれこれと理屈を並べて、税金を取ろうとしてきます。最も多い指摘事項は、会社が建物や機械装置などに行った修繕のための費用を、一時の損金とすることができない資本的支出であると主張するケースです。

　通常、固定資産の修繕費やメンテナンス費用はその金額が大きいため、これを資産計上すると税額も膨らみます。ある会社では、所有地にあった大きな木の根を処分した費用を、土地にかかる資本的支出として資産計上を求められました。

　普段から適正な申告を心がけている会社の場合、税務調査で指摘を受ける事項は、後者の言いがかり的なものばかりになります。会社としては、税法、通達や判例に照らし合わせて、自社の申告が適正だと主張することになります。一方、調査官としては、会社側の反論を最初から予想しての指摘ですから、会社の反応を見ながら主張を取り下げることが少なくありません。

　税務調査を受けて納税する金額は、調査官との交渉次第で安くなります。

法人税の申告と納税

　法人税の申告書は、法律に定められた様式で提出しなければなりません。
　他にも提出期限や納付期限など、厳しい取り決めがいくつもあります。

欠損金の繰り越しと繰り戻し

会社が赤字になった場合には、赤字を繰り越して翌期以降の黒字と相殺することができます。また、前期にさかのぼって納めた法人税の還付を受けることもできます。

1 赤字を10年間繰り越せます

会社を経営していると、黒字の年もあれば赤字の年もあります。

法人税の申告にあたっては、会社の赤字を繰り越すことができます。繰り越す赤字のことを**繰越欠損金**といいます。

青色申告している会社は、赤字の出た事業年度の翌期以降、10年間にわたって繰越欠損金を所得金額の50%まで（中小法人等は所得金額の100%まで）損金に算入できます。白色申告している場合には、上記の繰越欠損金が認められませんが、災害により損失が生じた場合に限って、災害損失金を9年間繰り越し、損金に算入できます。

また、破産などにより、会社が役員などから私財の提供を受けた場合には、上記の欠損金以外の損失金であっても、損金算入することができます。

2 赤字の事業年度は前の年の法人税の還付を受けられます

欠損金を繰り越さず、前年に繰り戻して、納めた法人税の還付を受けることもできます。これを**繰戻還付**といいます。

ただし、現在では中小法人等を除いて、この繰戻還付を受けることはできません。国の財政事情が厳しいため、繰戻還付の制度を一時的に停止しているのです。

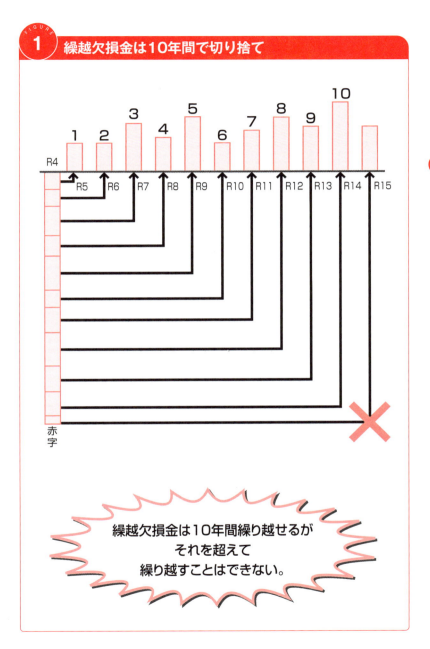

法人税の申告書

法人税の申告書を実際に見てみましょう。「別表1（1）」「別表4」「別表5（1）」と呼ばれる様式が重要です。

1 法人税申告書の様式は複雑です

　法人税額の計算は、所得金額に税率を乗じることで行います。また、所得金額の計算は、会社の決算書に記載された利益金額をもとに、収益と益金の違い、費用と損金の違いを調整することで行います。

2 別表1（1）、4、5（1）

　法人税額の計算を行うページが、「別表1」と呼ばれる様式です。「別表1（1）」は次ページのとおりです。かなり精緻に作りこまれた表計算といえるでしょう。

　所得金額の計算を行うページは、「別表4」と呼ばれる様式です。「別表4」では、会社が損益計算書に記載した当期純利益の金額から計算をスタートします。

　ここに、損益計算書には収益として計上されていない益金や、費用として計上されているものの、損金に算入されない金額を加算します。反対に、収益に計上されているものの、益金に算入されない金額や、費用として計上されていない損金を減算します。このような調整を経て、所得金額が求められます。

　「別表5（1）」は、「別表4」で加減算した項目のうち、翌期以降に繰り越される項目（留保項目）について、費目ごとにその増減を記載します。

FIGURE 2 法人税申告書別表1（1）

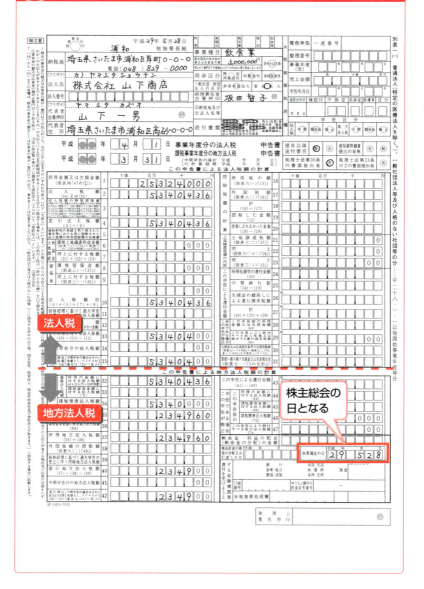

FIGURE 3 　法人税申告書別表4

所得の金額の計算に関する明細書

| 事業年度 | ● 4 ・ 1 ～ ● 3 ・ 31 | 法人名 | 株式会社 山下商店 |

損益計算書の当期純利益の金額

交際費はここで加算

		総 額 ①	処　　　分	
			留　保 ②	社　外　流　出 ③
当 期 利 益 又 は 当 期 欠 損 の 額	1	9,057,672 円	6,057,672 円	配当 3,000,000 円
				その他
加	損金の額に算入した法人税(附帯税を除く。)	2	100,000	100,000	
	損金の額に算入した道府県民税(利子割額を除く。)及び市町村民税	3	197,300	197,300	
	損金の額に算入した道府県民税利子割額	4	1,000	1,000	
	損金の額に算入した納税充当金	5	9,998,100	9,998,100	
	損金の額に算入した附帯税(利子税を除く。)、加算金、延滞金(延納分を除く。)及び過怠税	6			その他
	減 価 償 却 の 償 却 超 過 額	7			
	役 員 給 与 の 損 金 不 算 入 額	8			その他
算	交 際 費 等 の 損 金 不 算 入 額	9	2,989,628		その他 2,989,628
	賞 与 引 当 金	10	15,000,000	15,000,000	
	小　　　計	11	28,286,028	25,296,400	2,989,628
減	減価償却超過額の当期認容額	12			
	納税充当金から支出した事業税等の金額	13	22,700	22,700	
	受取配当等の益金不算入額(別表八(一)「12」又は「24」)	14			※
	法人税等の中間納付額及び過誤納に係る還付金額	15			
	所得税額等及び欠損金の繰戻しによる還付金額等	16			※
	賞 与 引 当 金 認 容 額	17	12,000,000	12,000,000	
算		18			
		19			
		20			
	小　　　計	21	12,022,700	12,022,700	外※ 0
仮　計 (1)+(11)-(21)	22	28,321,000	19,331,372	外※ 5,989,628
寄附金の損金不算入額 (別表十四(二)「24」又は「40」)	23			その他
沖縄の認定法人の所得の特別控除額 (別表十(一)「9」又は「12」)	24	△		※ △
法人税額から控除される所得税額 (別表六(一)「6の③」)	25	3,000		その他 3,000
税額控除の対象となる外国法人税の額 (別表六(二の二)「10」+別表十七(二の二)「39の計」)	26			その他
組合等損失額の損金不算入額又は組合等損失超過合計額の損金算入額 (別表九(四)「10」)	27			
合　計 ((22)から(27)までの計)	28	28,324,000	19,331,372	外※ 5,992,628
新鉱床探鉱費又は海外新鉱床探鉱費の特別控除額 (別表十(三)「42」)	29	△		※ △
総　計 (28)+(29)	30	28,324,000	19,331,372	外※ 5,992,628
契 約 者 配 当 の 益 金 算 入 額 (別表九(一)「13」)	31			※
漁業協同組合等の留保所得の特別控除額 (別表十(二)「16」)	32	△		※
漁業協同組合等の人件費の所得控除額 (別表十(二)「20」)	33			※
特定目的会社等の支払配当又は中間配当等の損金算入額 (別表十七(七)「12」若しくは「22」又は「31」)	34	△		※ △
非適格合併又は非適格分割型分割による移転資産等の譲渡利益額又は譲渡損失額	35			※
差　引　計 (30)から(35)までの計	36	28,324,000	19,331,372	外※ 5,992,628
欠損金又は災害損失金等の当期控除額 (別表七(二)「11」、「22」又は「31」)	37	△		※ △
所 得 金 額 又 は 欠 損 金 額	38	28,324,000	19,331,372	外※ 5,992,628

別表1(1)の「1」へ転記

法　0301-0401

法人税申告書別表5（1）

利益積立金額及び資本金等の額の計算に関する明細書

事業年度: ●・4・1 / ●・3・31
法人名: 株式会社 山下商店
別表五(一) 平二十・四・一以後終了事業年度分

I 利益積立金額の計算に関する明細書

区分		期首現在利益積立金額 ①	当期の減 ②	当期の増 ③	差引翌期首現在利益積立金額 ①−②+③ ④
利益準備金	1	円	円	円	円
積立金	2				
賞与引当金	3	**12,000,000**	12,000,000	15,000,000	**15,000,000**
	4				
	5				
	6				
	11				
	12				
	13				
	14				
	15				
	16				
	17				
	18				
	19				
	20				
	21				
	22				
	23				
	24				
	25				
繰越損益金（損は赤）	26	1,000,000	1,000,000	7,057,672	7,057,672
納税充当金	27	22,700	22,700	9,998,100	9,998,100
未納法人税等	未納法人税（附帯税を除く。）	28	△100,000	△100,000	中間 △ 確定 △6,634,200	△6,634,200
	未納道府県民税（均等割額及び利子割額を含む）	29	△55,000	△56,000	中間 △1,000 確定 △380,800	△380,800
	未納市町村民税（均等割額を含む。）	30	△142,300	△142,300	中間 △ 確定 △836,300	△836,300
差引合計額	31	12,725,400	12,724,400	24,203,472	24,204,472

前期までに損金算入が見送られた金額

翌期以降に損金算入される金額

II 資本金等の額の計算に関する明細書

区分		期首現在資本金等の額 ①	当期の減 ②	当期の増 ③	差引翌期首現在資本金等の額 ①−②+③ ④
資本金又は出資金	32	3,000,000 円	円	円	3,000,000 円
資本準備金	33				
	34				
	35				
差引合計額	36	3,000,000			3,000,000

法 0301−0501

御注意

1 この表は、通常の場合には次の算式により検算ができます。
期首現在利益積立金額合計「31」① + 別表四留保総計「39」 − 中間分、確定分法人税県市民税の合計額 = 差引翌期現在利益積立金額合計「31」④

2 発行済株式又は出資のうちに二以上の種類の株式がある場合には、法人税法施行規則別表五（一）付表（別表五（一）付表）の記載が必要となりますので御注意ください。

CHAPTER 4 法人税の申告と納税

法人住民税の申告書

法人住民税の申告書を実際に見てみましょう。道府県民税の申告書と事業税の申告書がまとめられて1枚になっていることに注意しましょう。

1 事業税の申告書

事業税の申告書は、135ページの様式の左側の部分です。

資本金1億円超の会社が納める事業税の額は、所得だけでなく、付加価値と資本金等の額に基づいて計算されます。これを外形標準課税といいます。資本金1億円以下の会社は、**外形標準課税**の適用はなく、原則として所得金額に基づいて事業税の額を計算します。

また、2008年10月から、それまでの事業税の一部を地方法人特別税として納める制度が暫定措置として導入されています。

2 道府県民税の申告書

道府県民税の申告書は、135ページの様式の右側の部分です。

道府県民税は、法人税の額を課税標準とする法人税割の計算と、会社規模に応じて納める均等割の計算を行います。

なお、東京都の特別区内に会社（支店）がある場合には、道府県民税と市町村民税とを併せた都民税の申告を行います（136ページの様式）。他の道府県と違って申告書作成の手間が省けます。

3 市町村民税の申告書

市町村民税の申告書は、137ページの様式です。

市町村民税は、法人税の額を課税標準とする法人税割の計算と、会社規模に応じて納める均等割の計算を行います。

FIGURE 5 道府県民税申告書

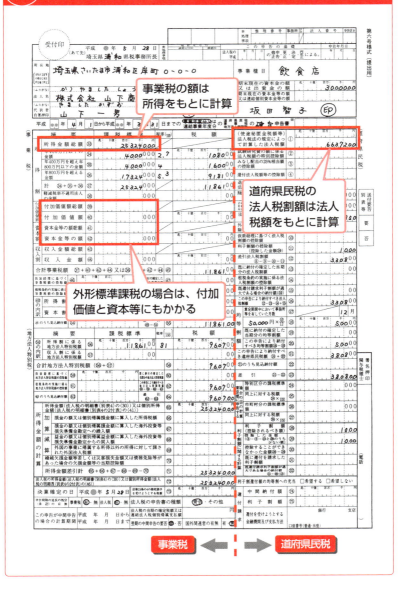

FIGURE 6 東京都民税申告書

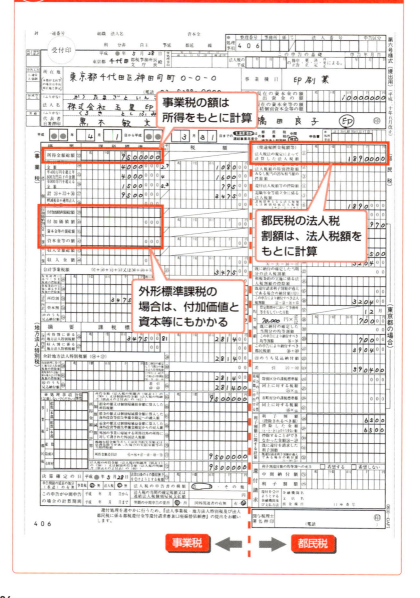

FIGURE 7 市町村民税申告書

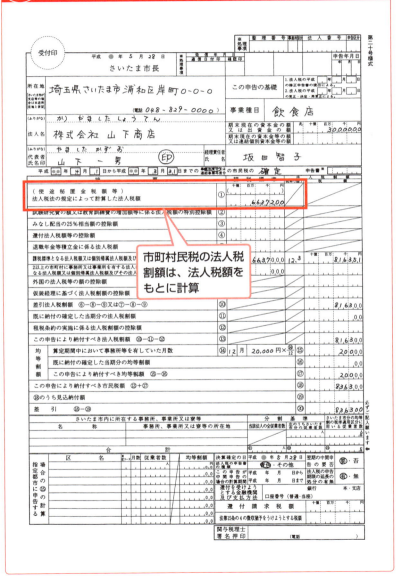

確定申告と中間申告

会社は毎年1回確定申告を行います。他に中間申告が必要な場合もあります。

1 法人税の確定申告は決算日から2ヶ月以内に

会社は毎年必ず法人税の**確定申告**を行わなければなりません。確定申告書の提出期限は、決算日の翌日から2ヶ月以内と定められています。

また、同日までに法人税額を納付しなければなりません。

ただし、確定申告書の提出期限には例外があり、会計監査人の監査を受ける会社などは、決算日から2ヶ月以内に決算が確定しないため、あらかじめ税務署長の承認を受けて、提出期限を1ヶ月またはそれ以上延長することができます。

会計監査人の監査を受けない会社でも、定款において決算承認の定時株主総会を、決算日から3ヶ月以内に開催すると定めることで上記の承認を得られるため、この特例の承認を受けている会社は多く見られます。

なお、申告書の提出期限を延長した場合にも、法人税の納付期限は延長されないことに注意してください。

2 中間申告

法人税額が20万円を超えた場合には、翌期に**中間申告**が必要となります。中間申告の期限は、期首から6ヶ月経過した日から2ヶ月以内です。中間申告には、仮決算を行い税額を計算する方法の他、前期の税額の半分を納める**予定納税**の方法があります。

FIGURE 8　申告期限の延長の特例の申請書

CHAPTER 4　法人税の申告と納税

申告期限の延長の特例の申請書

		※整理番号	
		※連結グループ整理番号	

税務署受付印

平成 ● 年 4 月 1 日

鹿児島 税務署長殿

提出法人	（フリガナ）	カブシキガイシャ タカハシ スイサン
☑□単連体結法視人法人	法 人 名	株式会社 高橋水産
	納 税 地	〒890-0008 鹿児島市伊敷9丁目1番2号 電話(099) 229 - xxxx
	（フリガナ）	タカ ハシ タロウ
	代表者氏名	高橋 太郎　㊞
	代表者住所	〒890-0008 鹿児島市伊敷9丁目3番5号
	事 業 種 目	魚 養 殖　業

自平成 ● 年 4 月 1 日　☑ 事業年度から法人税の確定申告書
至平成 ● 年 3 月 31 日　□ 連結事業年度から法人税の連結確定申告書　　の提出期限を延長したいので

申請します。

記

1 申告期限延長期間	確定申告書	☑ 1月だけ延長したい場合
		□ 2月以上の月数の指定を受けようとする場合　その月数（　　　）
	連結確定申告書	□ 2月だけ延長したい場合
		□ 3月以上の月数の指定を受けようとする場合　その月数（　　　）

2　確定申告書若しくは連結確定申告書の提出期限まで(指定を受けようとする場合には事業年度終了の日の翌日から3月以内又は連結事業年度終了の日の翌日から4月以内)に決算が確定しない、又は各連結事業年度の連結所得の金額若しくは連結欠損金額及び法人税の額の計算を了することができない理由

定款において、決算確定のための定時株主総会の開催時期が
決算日から3ヶ月以内と定められている為

> このような理由が必要となるので、定款には株主総会開催日を決算日後3ヶ月以内と定めておく

3　その他の参考事項

税 理 士 署 名 押 印						㊞	（規格A4）

※税務署処理欄	部 門	決算期	業種番号	入力	名簿等	通信日付印	確認印
	回付先	□ 親署 → 子署　・　□ 子署 → 調査課				年 月 日	

18. 06 改正　　　　　　　　　　　　　　　　　　　　　　　　　　　　（法1344）

修正申告と更正

以下では、会社が行った確定申告に誤りがあった場合の取り扱いを見てみましょう。

1 申告漏れがわかった場合には修正申告書を提出します

会社が確定申告書を提出したあとに、誤って税額を少なく申告していたことがわかる場合があります。このような場合には、**修正申告書**を提出します。

他に、赤字の会社が計上する欠損金の額が過大であったり、還付金が過大であったことがわかった場合にも、修正申告書を提出します。

修正申告書を提出した場合には、正しい税額とそれまでに納付した税額との差額を納めることに加えて、延滞税などの**附帯税**を納める必要があります。

2 法人税を納めすぎていた場合には更正してもらいましょう

会社が確定申告書を提出したあとに、誤って税額を多く申告していたことがわかる場合もあります。このような場合には、修正申告書を提出するのではなく、税務署に職権で更正してもらいましょう。そのためには、**更正の請求**をします。

ただし、更正の請求ができるのは、申告書の提出期限から5年以内に限られます。それを過ぎると、納税者側から更正の請求はできません。過払いの法人税をどうしても取り返したい場合には、更正を嘆願することになりますが、嘆願したからといって更正を受けられるとは限らず、過払いぶんが戻ってくる保証はありません。

9 修正申告と更正

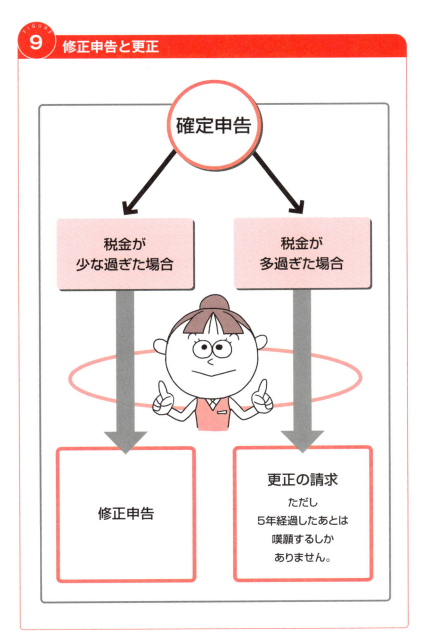

ペナルティとしての附帯税

税務調査で過少申告の指摘を受けた場合には、本来納付すべき税額に加えて、重加算税や過少申告加算税などの、附帯税を納めなければなりません。

1 過少申告が発覚した場合の附帯税

❶過少申告加算税

税務署から申告漏れを指摘されて修正申告したり、更正処分を受けた場合に、ペナルティとして**過少申告加算税**が課されます。税務署から指摘を受ける前に、自発的に修正申告書を提出した場合にはかかりません。

❷重加算税

事実を隠したり、仮装したりして脱税した、悪質な場合に過少申告加算税に代えて課されます。

❸延滞税

納期限までに納税しなかったことから生じる利息相当額として課されます。

2 確定申告書を提出しなかった場合の附帯税

❹無申告加算税

期限内に確定申告書を提出しなかった場合に課されます。

❺重加算税

事実を隠したり、仮装したりして脱税した悪質な場合に、無申告加算税に代えて課されます。

❻延滞税（上記❸と同じです）

FIGURE 10 過少申告の場合の附帯税の計算

❶ 過少申告加算税の額＝（追加納付税額×10％）＋（追加納付税額－期限内申告税額と50万円のいずれか多い金額）×5％

❷ 過少申告加算税に代えて課される場合の重加算税の額＝追加納付税額×35％

❸ 延滞税の額は、法定納期限（通常は決算日から2ヶ月）の翌日から税金を完納する日までの期間の日数に応じて、未納の税額に年8.8％の利率で計算した額とされている。ただし、納期限の翌日から2ヶ月を経過する日までの期間については、その未納の税額に年2.5％の率で計算した額とされている。

FIGURE 11 無申告の場合の附帯税の計算

❹ 無申告加算税の額＝納付税額×15％（または20％）（税務調査を受ける前に自発的に期限後申告した場合の無申告加算税の額＝納付税額×5％）

❺ 無申告加算税に代えて課される場合の重加算税の額＝追加納付税額×40％

❻ 延滞税の額は、上記❸と同様に計算する。

CHAPTER 4 法人税の申告と納税

Column
税務調査に備えて

　税務調査での追徴を避けるためには、日頃の対策が重要です。ここでは、税務調査を無事に乗り切るための基本的な対策を見てみましょう。

対策1 契約書をこまめに作成する

　大きな金額を動かす取引については、契約書を作成することを心がけましょう。特に、コンサルティング料や支払手数料などの名目で支出される費用については、その相手先は実在するのか、取引内容が何なのか、支出した金額は妥当なのか、といった点が調べられます。なぜなら、このような費目で架空経費を計上する手口が一部に見られるからです。

　もし、あなたの会社がこのような支出を適正に行っているのであれば、疑われないためにも、契約書を作成しておきましょう。税務調査では、事実関係が重視されるというのも事実ですが、まずは契約書などの書類のチェックから始まります。書類が揃っていれば、すんなり通ることも少なくありません。

対策2 記録を書面で残す

　細かなことでも記録を書面で残しましょう。例えば、交際費の支出については、いつ、どこで、誰と、何の目的で飲食したかなどを記録しておきましょう。記録があれば、事実を税務署に主張できます。反対に記録がなければ、「役員同士で飲みに行ったんでしょう。役員賞与です」と指摘された場合に反論が難しいのです。

対策3 写真を残す

　記録として写真を残すことも有効です。例えば、固定資産の除却や棚卸資産の廃棄にあたっては、その様子を写真で記録しておきましょう。実際に除却したことを税務調査で説明しやすくなります。最近では、デジタルカメラが普及しましたので、ほとんどコストもかかりません。

最近話題のテーマ

❶グループ通算制度

連結納税制度が見直され、利用しやすいグループ通算制度へ制度が移行しました。

令和4年4月1日以後に開始する事業年度から適用されています。

国税庁のウェブサイトでも詳しく解説されています。

❷電子帳簿保存

電子取引を行った場合には、一定の要件の下で、その電子取引の取引情報に係る電磁的記録を保存することが義務付けられるなど、電子帳簿保存法が改正されました。

国税庁もウェブサイトで注意喚起を行っています。

❸暗号資産に関する税務上の取扱い

法人税の申告にあたり、暗号資産の処理をどうするか判然としない論点がありましたが、国税庁からFAQが公表されました。

活発な市場が存在する暗号資産は、時価により期末評価することなどが明示されています。

索引

●あ行

圧縮記帳	72, 74
委託販売	28
一括償却資産	56
一括評価する金銭債権	112, 114
移動平均法	44, 122
受取配当金	30
売上原価	40
売上割戻し	96
益金	18
益金不算入	30
延滞税	106, 142

●か行

会社基準上の繰延資産	82
外形標準課税	10, 134
外国税額控除	22
確定申告	138
貸倒実績率	114
貸倒損失	108
貸倒引当金	110
貸倒引当金繰入額	110
過少申告加算税	106, 142
割賦販売	28
間接付随費用	46
寄附金	96, 100, 102
協同組合等	14
繰戻還付	128
繰越欠損金	128
繰延資産	80
形式基準	88
経済的利益	90
減価償却	50
減価償却資産	52
減価償却資産の償却方法の届出書	60
減価償却累計額	65

●さ行（右段上部続き）

原価法	42
公益法人等	14
公共法人	14
交際費	92, 94
更正の請求	140
国税	12
固定資産圧縮損	72
個別評価する金銭債権	112
個別法	44

●さ行

最終仕入原価法	44, 48
債務確定主義	34, 36
先入先出法	44
残存価額	62
時価	42
事業税	10
事前届出給与	86
市町村民税	12, 134
実質基準	88
使途秘匿金	98
資本的支出	58
重加算税	142
修正申告書	140
修繕費	58
償却可能限度額	66
償却率	62
消耗品費	54
賞与引当金	116
所得	10
所得金額	18
所得税額控除	22
人格のない社団等	14
生産高比例法	61
税法固有の繰延資産	82
税務調査	126

146

絶対損金項目 ……………………………… 38
総平均法 ………………………… 44，122
その他有価証券 ………………… 124
損金 …………………………………… 18
損金経理 …………………………… 38，70

●た行
退職給付引当金 …………………… 116
棚卸資産 …………………………… 40
棚卸資産の評価方法の届出書 ……… 48
棚卸資産の
　評価方法の変更承認申請書 ……… 48
短期前払費用 ……………………… 118
地方消費税 ………………………… 13
地方税 ……………………………… 12
地方法人税 ………………………… 10
中間申告 …………………………… 138
長期割賦販売等 …………………… 28
追加課税 …………………………… 98
積立金方式 ………………………… 78
定額法 ……………………………… 62
定期同額給与 ……………………… 86
低価法 ……………………………… 42
定率法 ……………………………… 64
同族会社 …………………………… 20
同族会社の行為・計算の否認 ……… 20
道府県民税 ………………………… 134
特殊支配同族会社 ………………… 21
特定同族会社 ……………………… 21
特別法人事業税 …………………… 10
匿名組合 …………………………… 15
都道府県民税 ……………………… 12

●な行
任意組合 …………………………… 15
二重課税 …………………………… 90

●は行
売価還元法 ………………………… 44
配当金 ……………………………… 30
売買目的外有価証券 ……………… 124
売買目的有価証券 ………………… 124
発生主義 ………………………… 34，36
付随費用 …………………………… 46
附帯税 ……………………………… 140
普通法人 …………………………… 14
復興特別所得税 …………………… 23
復興特別法人税 …………………… 11
部分純資産直入法 ………………… 124
不良債権 …………………………… 112
返品調整引当金 …………………… 116
法人住民税 ………………………… 10
法人税 ……………………………… 10
法定耐用年数 …………………… 66，68

●ま行
前払費用 …………………………… 118
満期保有目的等有価証券 ………… 124
無申告加算税 ……………………… 142

●や行
役員 ………………………………… 84
有価証券 …………………………… 120
有限責任事業組合 ………………… 15
予定納税 …………………………… 138

●ら行
利益連動給与 ……………………… 86
リベート …………………………… 96
留保金課税 ………………………… 20

●英数字
LLP ………………………………… 15
200%定率法 ……………………… 64

INDEX

I

索引

147

●著者紹介

奥村 佳史（おくむら よしふみ）

1973年大阪府生まれ。名古屋大学経済学部卒。税理士。
著書に『法人税が分かれば、会社のお金のすべてが分かる』（光文社新書）、『法人税がわかれば、会社にお金が残る』（アスコム）などがある。

●本文イラスト

まえだ　たつひこ

図解ポケット
［最新］令和4年度税制対応！
法人税がよくわかる本

発行日	2022年10月20日	第1版第1刷

著　者　奥村　佳史

発行者　斉藤　和邦
発行所　株式会社　秀和システム
　　　　〒135-0016
　　　　東京都江東区東陽2-4-2　新宮ビル2F
　　　　Tel 03-6264-3105（販売）Fax 03-6264-3094
印刷所　三松堂印刷株式会社　　　Printed in Japan

ISBN978-4-7980-6854-1 C0032

定価はカバーに表示してあります。
乱丁本・落丁本はお取りかえいたします。
本書に関するご質問については、ご質問の内容と住所、氏名、電話番号を明記のうえ、当社編集部宛FAXまたは書面にてお送りください。お電話によるご質問は受け付けておりませんのであらかじめご了承ください。